ASP

by

Deloitte Tohmatsu Consulting

Application Service Provider

ASP

네트워크 소싱 시대의 IT 전략

딜로이트 토마츠 컨설팅/장진영 옮김

이미지북

들어가며

『컨설팅 위크』(Consulting Week)지는, 필리핀 마닐라에서 강력한 컴퓨터 바이러스 '러브 메일'이 세계 네트워크로 전송되어, 이 파일을 열어본 수많은 컴퓨터 이용자의 정보가 파괴되었다는 특집 기사를 다룬 적이 있다.

이 사건은 인터넷이 갖고 있는 본래의 위험을 여실히 보여주었고, 또한 인터넷이 세계 공통의 인프라로 정비되어 누구나 지역에 상관없이 정보를 창조할 수 있고, 그것을 폭넓게 공유할 수 있음을 증명하였다.

계속 진행되고 있는 인터넷 세계는 기업의 정보 시스템 전략이나 활용 방법에도 커다란 변화를 가져왔다. 그 커다란 움직임의 하나로 정보 시스템을 자사에서 구축하지 않으려는 기업이 증가하고 있다는 사실이다.

정보 시스템은 지금까지 자사에서 구축해 소유하는 것이 기본 상식이었다. 하지만 지금은 네트워크를 통해 '필요한 기능'을 '필요할 때'에 '필요한 만큼' 빌리는 시대, 빠른 기술 혁신에 대응한 애플리케이션을 공유하는 시대가 되었다.

이것을 제공하는 기업을 애플리케이션 서비스 프로바이더, 즉 ASP(응용소프트웨어임대 : Application Service Provider) 서비스 제공 회사이다.

네트워크를 활용한 비즈니스 모델 구축이 중요한 이슈가 된 지금, ASP 서비스를 어떻게 활용할 것인가가 정보 전략 구축을 위한 중요한 테마의 하나이다.

정보화 시대에 기업이 살아남기 위해서는 이 정보 전략을 어떻게 구축하느냐에 달려 있다. 즉 인터넷의 위험을 계속 방어할 수 있는 경영 자원이 있거나 막대한 시스템 투자 비용을 유지할 수 있어야 한다. 그렇지 못할 경우 기업은 효과적인 외부 ASP 서비스를 이용하여 본래의 업무에 특화하지 않으면 살아남을 수 없다.

또한 ASP 서비스는 활용하는 측면만 존재하는 것은 아니다. 최첨단의 자사 정보 시스템을 개발하여 그것을 타사에 제공함으로써 새로운 비즈니스를 전개하는 것도 가능하다. 따라서 네트워크는 정보 시스템 사용자였던 기업을 네트워크를 통한 정보 시스템 서비스 제공업자로 변모시킨다.

앞으로 기업이 ASP 서비스 제공자가 되거나 아니면 이용자가 되든지 간에, 그 전략을 결정하기 위해서는 자사의 경영 전략과 그것에 필요한 정보 전략을 근본적으로 고려할 필요성이 있다. 그러나 최근 ASP 서비스에 관한 기사들은 대부분 공급자의 입장에서 조명되어지고 있는 것이 사실이다.

ASP 서비스 시장의 성장을 잘 이해하기 위해서는 ASP 서비스를 어떻게 이용하면 효과적일까 하는 시점을 명확히 해야 한다. 이런 점을 고려하지 않고서는 서비스 제공자도 될 수 없음을 명심해야 한다.

이 책은 정보기술의 이용자였던 기업의 최고경영자나 관리자의 시점에서, ASP 서비스의 본질을 파헤쳐 ASP 서비스를 키워

드로 e비즈니스를 시작하는 정보 전략을 고려할 때의 핵심, ASP 서비스를 채택할 때의 핵심을 명확하게 제시하고 있다. 또한 ASP 서비스의 채택 방법에 대한 참고 사례로, 미국과 일본의 ASP 서비스 활용 사례 및 사업으로서의 채택 사례도 포함하였다.

이 책이 기업의 최고경영자나 관리자가 경영 전략, 정보 시스템 전략을 세우는데 일조하기를 간절히 바라고 있다.

끝으로 이 책이 출판되기까지 동양경제신보사 출판국의 오오누키 히데노리 씨는 많은 소중한 충고를 해주셨다. 이 자리를 빌어 진심으로 감사를 드린다.

딜로이트 토마츠 컨설팅 집필자

대표 미네시마 다카시

takashi.mineshima@tad.tohmastu.co.jp

ASP 업무 개혁의 패러다임 전환

제5장 ASP 사업에 진출한 기업들

제1장
ASP로 인해 시장이 넓어진다

1 ASP는 시대의 흐름
——소유에서 공유의 시대로

개인이나 기업의 소비는 이제까지 '소유'하여 이용하는 시대에서 누군가와 '공유'하여 이용하는 시대로 변화하고 있다.

예를 들어 웨딩드레스의 경우, 옛날에는 신부 한 사람의 고객을 위해 정성을 다해 한 벌씩 디자인해서 만들었다. 그렇기 때문에 부잣집이 아니면 입을 수 없었던 고가의 상품이었다.

하지만 옷을 대량으로 만들 수 있는 제작 기술의 발전으로, 지금은 아름답게 디자인된 웨딩드레스 중에서 자신의 몸에 맞는 사이즈를 선택해 구입할 수 있는 시대가 되었다. 일반인들도 쉽게 구입이 가능한 상품이 된 것이다.

그리하여 현재 가장 많이 이용되고 있는 것이 필요할 때 옷을 빌리는 렌털 서비스다. 소비자는 이 렌털 서비스를 이용해 평생 한번 정도 입는 웨딩드레스를 구입하기 위해 비싼 돈을 지불하

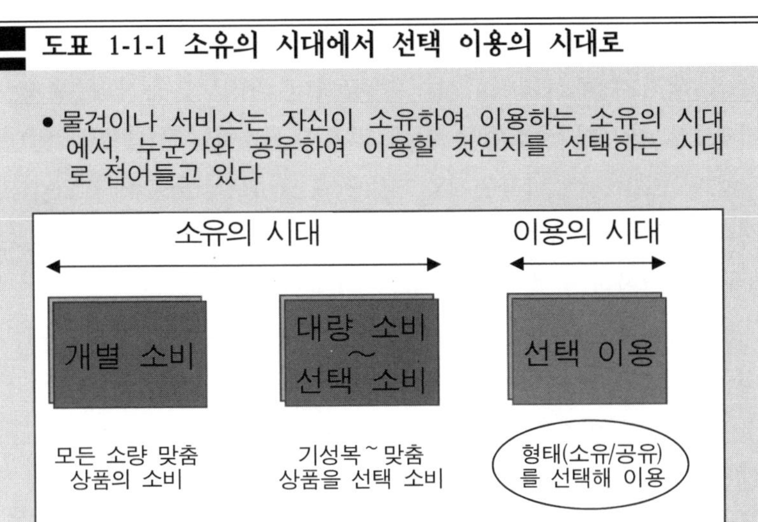

● 물건이나 서비스는 자신이 소유하여 이용하는 소유의 시대
에서, 누군가와 공유하여 이용할 것인지를 선택하는 시대
로 접어들고 있다

는 불필요한 소비를 하지 않게 되었다.

이런 경향은 컴퓨터를 사용할 때 필요한 운용 프로그램에도 나타난다. 대기업만이 자사에 맞게 애플리케이션을 구축한 시대에서 기업 규모에 관계없이 기성복과 같은 패키지 애플리케이션을 구입할 수 있는 시대가 되었다. 게다가 지금은 애플리케이션을 렌털하는 시대로 접어들고 있다.

즉 네트워크를 경유하여 애플리케이션 렌털 서비스를 제공하는 것이 ASP(Application Service Provider : 응용소프트웨어임대)이다.

예전의 기업 애플리케이션은 하나하나 사용자 수요에 맞춰 세밀하게 기업 내의 정보 시스템실이 개별적으로 대응하였다.

그러나 1990년대 후반부터는 모든 회사가 이용할 수 있는 범용의 패키지 애플리케이션이 개발되어, 기업이 약간의 수정만 하면 각 기업의 시스템에 맞게 이용할 수 있는 시대가 되었다.

소위 ERP(전사적자원관리 : Enterprise Resource Planning)의 시대였지만, 현 시점에서는 아직까지 개별 기업마다 맞춤 생산(Customize)하여 소유하고 있는 시대이다.

ERP보다는 조금 늦게, 기업 그룹이 네트워크를 통해 하나의 애플리케이션을 서로 공유해 이용하는 형태로 발전해왔다. 이것이 공유 서비스다. 선진국에서는 이 공유 서비스가 이미 널리 활용되고 있지만, 한국이나 일본의 경우 아직까지는 대기업에서만 이용하고 있을 뿐이다.

인터넷이라는 세계 공통의 네트워크 기반 확대는 다음 세대의 공유화 가능성을 더욱 암시하고 있다. 기업의 그룹 등에 구속되지 않고 네트워크를 경유해 광범위하게 애플리케이션을 공유화하려는 움직임이 일고 있다. 이러한 흐름 속에서 애플리케이션 공유화를 제공하는 사업자로서 ASP가 등장하기 시작한 것이다.

e비즈니스 환경에서의 컴퓨터 애플리케이션은 수돗물과 같은 존재가 되며, 네트워크는 이른바 수도관에 해당된다. 사용자는 사용하고 싶은 만큼 수도꼭지를 돌려 사용하고 이용료를 지불하면 되는 것이다.

ASP 서비스의 이용 효과는, 기성복에 몸을 맞추기만 하면 되듯 애플리케이션이 필요할 때 필요한 만큼 사용할 수 있어 성장과 매수 등 규모의 변화에 유연하게 대응할 수 있게 된다.

또한 자사 내에 IT 기술자 등의 인재를 확보할 필요성을 낮

게 함으로써, 애플리케이션의 초기 투자 비용을 ASP 이용료로
대체하는 것이 가능하다.

　다시 말하면, '자사 제품'만을 고집하는 생각을 버린다면 업무
노하우가 있는 애플리케이션을 네트워크 경유로 기업이 초월하
여 공유화하는 것이 가능하게 된다. 이것이 시대의 흐름에서 나
타난 ASP의 본질이다.

2 일본에 넘치는 ASP화 수요

일본 경제가 현재 직면해 있는 문제를 그룹화하면 '탈 호송선단 행정', '새로운 산업 육성', '지역 활성화', '인구의 노령화', '글로벌 경영', '산업의 소프트웨어화', '업계의 재편', '환경 문제' 등 크게 8가지로 나눌 수 있다.

일본의 경제, 즉 중앙 정부나 지방자치단체, 기업이 직면해 있는 문제를 해결하기 위해서는 ASP 서비스를 이용함으로써 그 대책이 지원 가능한 영역도 많다.

이러한 문제에 대한 대응 방안으로서, 앞서 설명한 ASP의 본질적인 특성을 광범위하게 활용할 수 있는 가능성이 있다고 말할 수 있다. 즉 문제를 '광범위하게 공유화'하여 '노하우를 애플리케이션 상에 올려'서, 그 애플리케이션을 통해 문제에 대한 대책을 '공동으로 이용'하면 투자 비용을 절감할 수 있다. 또한 어딘가 있을 새로운 노하우를 전체에 공유화함으로써 국제 사회의 경쟁에 대응해가는 것도 가능하다.

즉 ASP는 가능한 많은 소비자나 기업, 행정부에서 문제를 공유화하여 그 문제에 대한 대책을 '신속하고' '저렴하고' '간단하게' 제공할 수 있는 네트워크 시대의 도구이다.

다음은 ASP에 의한 과제 해결의 가능성 예를 나타내었다.

1. 중앙 정부와 ASP

중앙 정부로서는 '탈 호송선단 행정' 목표와 동시에 '새로운 산업을 육성'하여 지방에 권한을 대폭 이양하는 형태로 '지역 활성화' 및 '인구 노령화' 대책을 고려하지 않으면 안 된다.

이제까지 정부가 시행해온 조정 등의 기능도 앞으로는 조정이 필요한 문제에 대해 복수의 해결안을 제시하여, 그 중에서 소비자에게 비용 대비 효과로서 선택하게 하는 방향으로 변화해 간다고 생각할 수 있다.

또한 이를 위한 활동은 민간업체에서 담당할 가능성도 높아, 이것을 지원하는 도구로서 정보나 노하우를 공유화하기 위한 ASP 이용이 증가할 것으로 예상하고 있다.

이 조정 대상의 하나로 비즈니스 관습의 세계적인 조정이 민간 주도로 이뤄지는 것을 들 수 있다. 예를 들면 비영리단체인 국제표준화기구(ISO)가 정부를 대신하여 세계 각국의 기업 활동을 위한 표준화를 결정하고 있는 것이다.

이와 같이 다국간의 조정 활동에는 '정보의 공유화'를 꾀함과

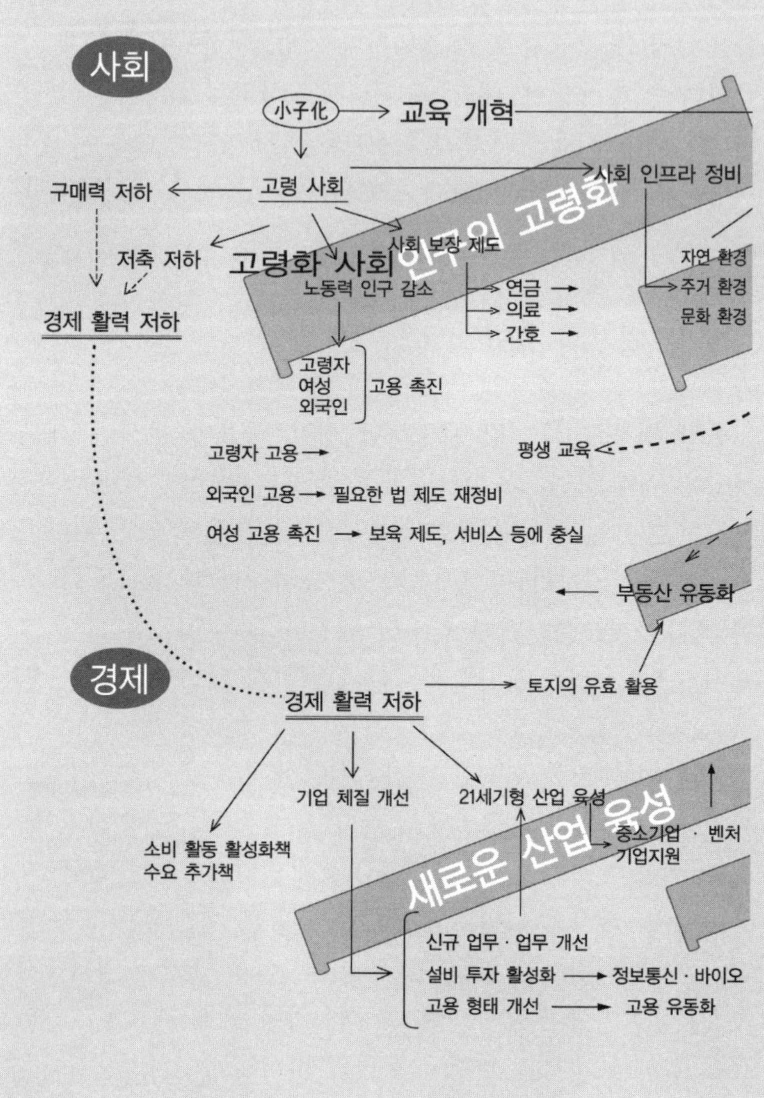

사회
小子化
교육 개혁
구매력 저하
고령 사회
사회 인프라 정비
저축 저하
고령화 사회
사회 보장 제도
인구의 고령화
자연 환경
주거 환경
문화 환경
노동력 인구 감소
연금
의료
간호
경제 활력 저하
고령자
여성
외국인
고용 촉진
고령자 고용
평생 교육
외국인 고용
필요한 법 제도 재정비
여성 고용 촉진
보육 제도, 서비스 등에 충실
부동산 유동화
경제
토지의 유효 활용
경제 활력 저하
기업 체질 개선
21세기형 산업 육성
새로운 산업 육성
중소기업 · 벤처
기업지원
소비 활동 활성화책
수요 추가책
신규 업무 · 업무 개선
설비 투자 활성화
정보통신 · 바이오
고용 형태 개선
고용 유동화

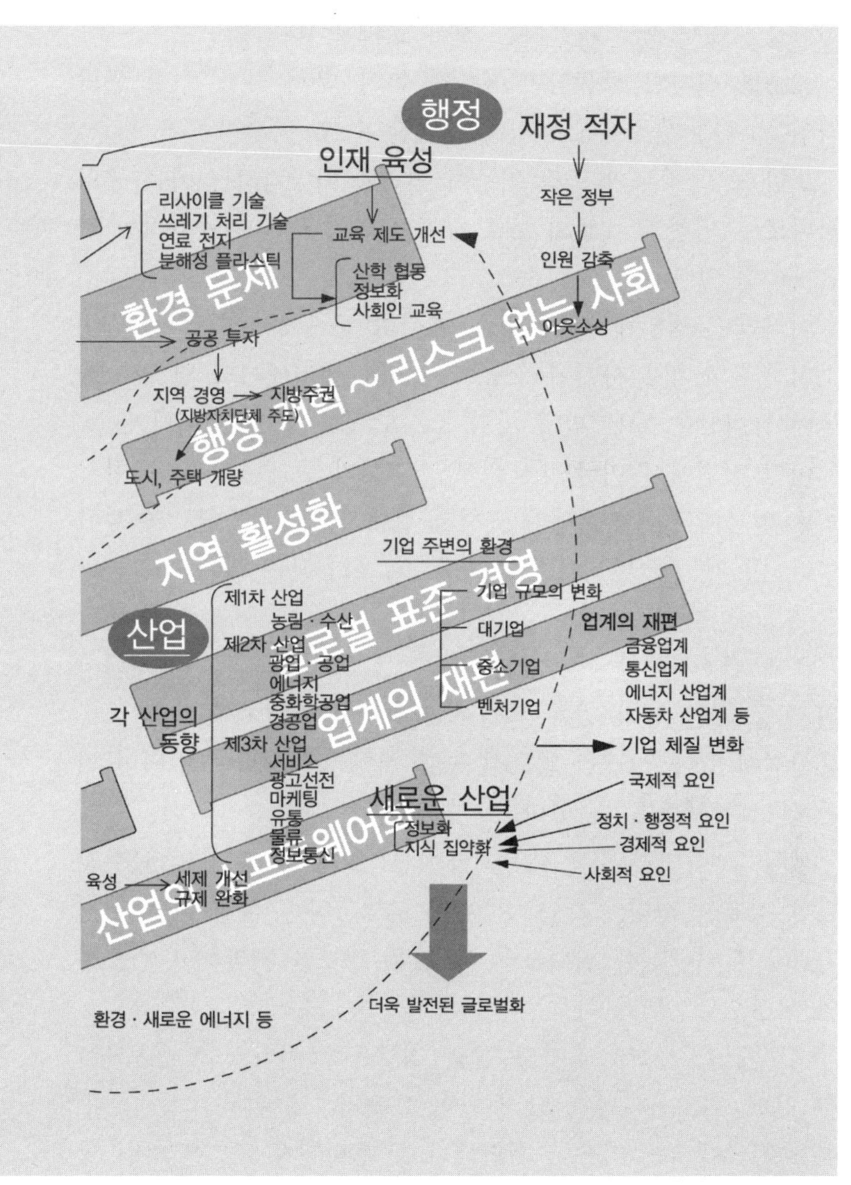

행정
재정 적자
인재 육성
작은 정부
리사이클 기술
쓰레기 처리 기술
연료 전지
분해성 플라스틱
교육 제도 개선
인원 감축
산학 협동
정보화
사회인 교육
환경 문제
글로벌 표준 ~ 리스크 없는 사회
아웃소싱
공공 투자
지역 경영
지방주권
(지방자치단체 주도)
행정 개혁 ~ 리스크 없는 사회
도시, 주택 개량
지역 활성화
기업 주변의 환경
산업
제1차 산업
농림·수산
제2차 산업
광업·공업
에너지
중화학공업
경공업
제3차 산업
서비스
광고선전
마케팅
유통
물류
정보통신
기업 규모의 변화
대기업
중소기업
벤처기업
업계의 재편
금융업계
통신업계
에너지 산업계
자동차 산업계 등
기업 체질 변화
글로벌 표준 경영
업계의 재편
각 산업의
동향
새로운 산업
정보화
지식 집약화
국제적 요인
정치·행정적 요인
경제적 요인
사회적 요인
육성
세제 개선
규제 완화
산업의 소프트웨어화
환경·새로운 에너지 등
더욱 발전된 글로벌화

동시에 다국간의 '조정' 절차를 일원화하여 관리하는 애플리케이션을 ASP적으로 활용하는 것이 효과적이다.

표준화 절차가 공유되면 표준화 논의, 문서 작성, 수정 등의 작업을 세계 각국에서 동시에 병행할 수 있게 된다.

또한 중앙 정부의 조정 기능이 민간에 이양되려는 이유 중의 하나로, 다양한 업계로의 보호 규제가 완화 또는 폐지되려는 점을 들 수 있다.

이러한 움직임에 의해 법률 해석의 문제에서 기업과 기업, 소비자와 소비자 사이에 소송이 증가해 법정에서의 변호사 활동이 늘어남은 물론 법정 외의 조정도 증가해 갈 것이다.

이런 시점에서 미국만큼 많은 변호사가 존재하지 않은 한국이나 일본에서는 변호사의 숫자가 절대적으로 부족할 가능성이 있다. 이 때문에 변호사를 효율적으로 이용하는 것이 불가능하게 될 것이다.

현재 변호사에게 지불되는 비용에는 고속철도나 비행기에서의 이동 시간 등과 같은 사건과 직접적인 관련이 없는 경비도 포함되어 있다. 그러나 변호사 ASP 서비스를 활용하게 되면 그러한 낭비를 막을 수 있다.

예를 들어 면담 전에 애플리케이션으로 질의 응답을 하고 간단한 상담을 한다. 그래도 문제가 불명확하면 사전 판단 근거 자료로서 카메라나 비디오 등과 같은 정보를 제공하고 변호사와 화상으로 면담한다.

이렇게 함으로써 과거의 상담 정보를 데이터로서 공유화할 수 있고, 변호사와의 면담 시간이 효율적으로 활용할 수 있다. 이용자 측에서는 비용이 저렴해지고, 변호사에게는 한 사람 당 대응할 수 있는 고객 수가 늘어난다. 이처럼 변호사 ASP 서비스는 세무사나 건축가 등의 전문가에게도 동일하게 적용할 수 있다.

이렇듯 고객은 전문가 ASP 서비스를 활용하면 최고의 전문가에게 간단하게 액세스(접속)할 수 있게 되며, 반대로 문제가 있는 전문가는 자연적으로 시장에서 도태될 것이다.

또한 기존에는 행정부의 지도·감독을 받던 업계의 단체 활동이, 앞으로는 공동으로 ASP를 모색하는 장으로 변모할 가능성도 있다. 특히 대기업의 경우는 자사에서 애플리케이션을 직접 개발해 거래처 기업에 제공하는 경우가 많은 것에 비해, 중소기업 업계에서는 업계 단체 등을 중심으로 대책이 이루어질 가능성이 높다.

건설업계는 그 전형적인 사례라고 할 수 있다. 건설업계의 경우 행정부의 규제와 건설업자의 이익이 맞물려 업계 전체의 변혁이 어렵고 혼잡하기 때문에, 앞으로 정보 시스템 측면에서 크게 진전될 것으로 전망된다.

이처럼 업계에서 표준화된 구조를 바탕으로 업계 ASP를 구축하면 애플리케이션의 공유는 더욱 효과적이 되며, 경쟁이 심한 업계에서는 비용 절감 측면에서 가장 효과적인 솔루션이 될 것이다.

2. 지방자치단체 행정과 ASP

현재의 지방자치단체 행정은 매우 비효율적이다. 똑같은 문제에 대한 대책이라 할지라도 각 지방자치단체마다 조금씩 다른 대책을 세우고 있기 때문이다.

그러나 이제는 매년 제로에서 생각할 것이 아니라 과거의 투자 내용 등에 대한 노하우를 서로 공유화해 전체의 투자 효율을 높여 비용을 절감하는 시대로 접어들었다.

이제는 지방자치단체 행정의 노하우도 국내에서만 공유화하는 시대에서 세계적으로 공유화하는 시대로, 독일의 노하우가 본에서 이용 가능하고, 한국의 노하우가 미국에서 이용 가능하게 되는 시대이다.

여기에서 '인구의 노령화'라는 사례로 생각해 보자.

일본 후생노동성의 예측에 의하면, 노령 인구(65세 이상 인구) 비율은 1995년 14.6%에서 2030년에는 약 3명 중 1명은 65세 이상이 된다고 예상하고 있다.

노인 문제는 개개인에게 대응할 필요가 있기 때문에 그 대응 방법은 약간 다르다. 그리고 노인의 후생 복지를 지원하고 있는 기업은 대부분 중소기업이다. 게다가 비용 효율을 고려하지 않으면 노인을 부양하는 젊은이들은 무거운 세금 부담에서 벗어날 수 없어 부모를 부양하지 않을 수도 있다.

ASP는 노인 한 사람 한 사람씩 개별 대응이 가능해 쉽게 관리할 수 있을 뿐 아니라, 데이터베이스로 과거의 사례를 비교하거나 공통의 항목을 공유화하는 것도 가능하게 한다.

이처럼 시스템에 익숙하지 않은 노인에게 ASP 서비스는 불필요한 것처럼 생각될 수 있지만, 비접촉형 IC 카드 이용 등 기술이 발전하면 할수록 노인이 휴대하는 것만으로도 정보를 수집할 수 있게 된다.

또한 어떤 지역에 있어서 노령화 문제의 성공 체험 및 노하우를 애플리케이션 도구를 통해 다른 지역에서도 이용이 가능하게 된다. 즉 인터넷에 의해 정보와 노하우의 국제적인 공유화가 저렴하게 실현 가능한 것이다.

이처럼 지방자치단체 행정 구조의 프랜차이즈적인 표준화와 노하우의 이전·공유화가 중요한 시대에 ASP 서비스는 효과적인 도구가 된다. 즉 문제의 해결책을 각 지방자치단체 행정 구역마다 다른 지역과 약간의 정보 교환만을 검토하는 시대에서, 어떤 한 지역의 성공 사례를 신속하게 다른 지역으로 전개할 수 있는 시대로 이동해가고 있다.

타 지방자치단체보다 성공한 어떤 지방자치단체의 행정 업무는 그것을 노하우로서 제공함으로써 약간의 수익을 확보하며, 다른 지방자치단체는 그 애플리케이션을 이용해 효율화를 꾀함으로서 비용을 절감할 수 있다.

이처럼 구조를 실현함으로써 지방자치단체 행정 업무의 아이디어 시장을 창조하게 되며, 나아가 행정 업무를 맡고 있는 중간 관리직의 동기 부여 향상에도 이어진다고 할 수 있다.

3. 기업 경영과 ASP

일본 기업은 e비즈니스의 영향 등으로 점점 세계화를 강요받고 있다. 자본 비용에 있었던 수익 체질의 구축, 글로벌 회계 기준에 대한 대응, 합병·매각·매수 등을 포함한 전략적 제휴 등 급격한 변화로의 대응이 강요되고 있다.

또한 국내 산업의 근간이었던 제조업이 창출하였던 부가가치가 감소하고, 정보 통신을 중심으로 한 제3차 산업으로 부가가치가 이동하고 있다.

금융·통신·에너지·자동차업계 등을 시작으로, 각 산업계는 국내 및 세계화 수준에서의 흡수·합병·제휴 등이 활발히 진행되고 있어, 이에 따른 각 업계의 구조가 급격하게 변화하고 있다. 게다가 타 업종간의 제휴나 규제 완화 촉진 등에 의해 타 업종이나 벤처의 신규 시장 진출도 활발해지고 있다. 따라서 기업은 살아남기 위한 문제에 직면해 있다고 할 수 있다.

ASP는 이러한 변화가 심한 기업의 솔루션으로서 아주 중요한 도구이다. 이 내용에 대해서는 나중에 기술하겠지만, 비핵심 업무의 외부 위탁은 기업 경영의 흐름이며, 어떤 기업은 그 비핵심 업무를 특화해서 서비스를 제공하는 것을 비즈니스화 할지도 모른다.

기업 전략상 '선택과 집중'이 중요한 이 시점에서, ASP 서비스는 기업의 솔루션으로서 중요한 도구가 될 것이 틀림없다.

4. 환경 문제와 ASP

환경 문제는 세계적인 차원에서 그 대책이 논의되고 있다. 그러나 이제는 중앙 정부나 지방자치단체, 기업 등에서도 다양한 시점에서 그 문제를 생각해야 한다.

환경 문제의 경우 기업이 ASP를 활용한 선진적인 대책 모델의 구축이 가능하다. ASP로 노하우를 상호 공유하여 필요에 따

도표 1-2-2 ISO 14001의 국가별 취득 현황

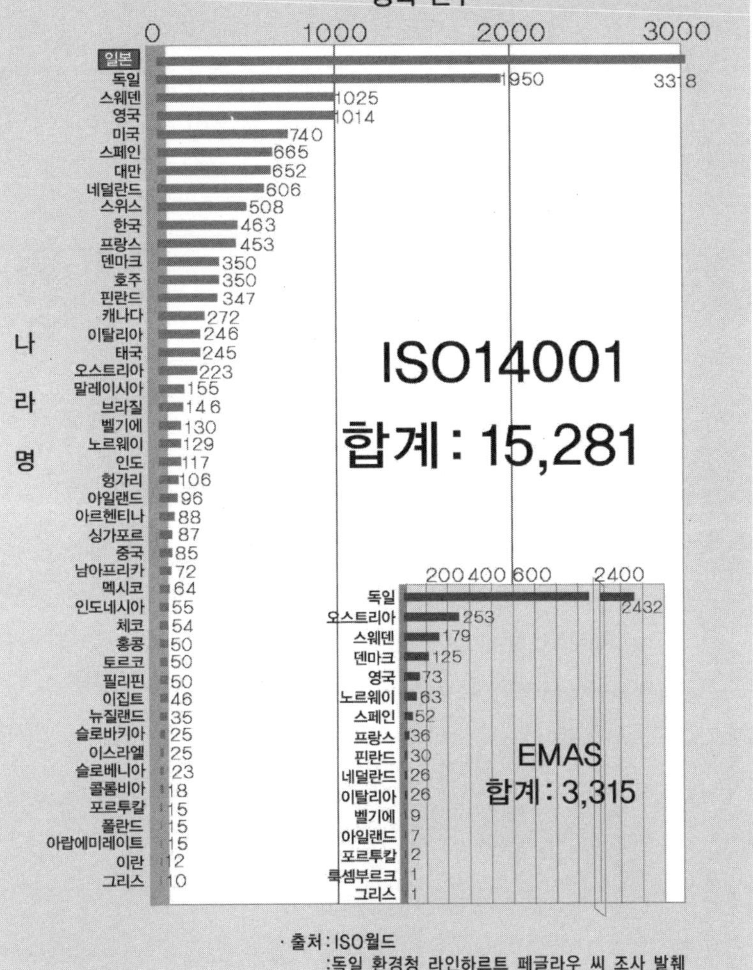
세계 ISO 14001/EMAS (※Eco-Management and Audit Scheme) 인증 등록 현황 (2000년 3월 현재)
*EMS(EU 환경 관리·감사 규칙)는 EU 지역에서 적용된 규칙
등록 건수
0   1000   2000   3000
일본
독일 3318
스웨덴 1025
영국 1014
미국 740
스페인 665
대만 652
네덜란드 606
스위스 508
한국 463
프랑스 453
덴마크 350
호주 350
핀란드 347
캐나다 272
이탈리아 246
태국 245
오스트리아 223
말레이시아 155
브라질 146
벨기에 130
노르웨이 129
인도 117
헝가리 106
아일랜드 96
아르헨티나 88
싱가포르 87
중국 85
남아프리카 72
멕시코 64
인도네시아 55
체코 54
홍콩 50
토르코 50
필리핀 50
이집트 46
뉴질랜드 35
슬로바키아 25
이스라엘 25
슬로베니아 23
콜롬비아 18
포르투칼 15
폴란드 15
아랍에미레이트 15
이란 12
그리스 10
1950
나
라
명
ISO14001
합계 : 15,281
200 400 600   2400
독일 2432
오스트리아 253
스웨덴 179
덴마크 125
영국 73
노르웨이 63
스페인 52
프랑스 36
핀란드 30
네덜란드 26
이탈리아 26
벨기에 9
아일랜드 7
포르투칼 2
룩셈부르크 1
그리스 1
EMAS
합계 : 3,315
·출처 : ISO월드
:독일 환경청 라인하르트 페글라우 씨 조사 발췌

라 민관이 하나가 되어 세계적으로 움직인다면, 순환형 경제의 새로운 비즈니스 모델의 구축도 가능하리라 본다.

예를 들면 라이프 사이클 관리를 들 수 있다.

원재료에서 폐기까지의 라이프 사이클 중에서 모든 절차를 금전적 또는 환경 부담금으로서 파악·관리하는 것이 가능하다면, 환경 부담금을 효율적으로 절감하면서 비용 대비 효과 파악도 가능하게 되어 보다 선진적인 환경 활동이 가능하게 된다. 이러한 정보 공유화 구조를 ASP가 제공할 가능성이 크다.

이상 설명한 바와 같이 ASP가 위력을 발휘할만한 영역은 생각하는 것보다 훨씬 많다. 그러나 여기에는 ASP를 적용하기 쉬운 조건이라는 문제가 전제되어 있다.

이 ASP를 적용하기 쉬운 조건에 대해서 기업을 예를 들어 설명한다.

3 ASP 적합성의 판단축
─── 차별화 '니즈'와 '범용성'

ASP 적용이 쉬운가의 판단 기준, 즉 외부 애플리케이션을 이용하기 쉬운 기업 활동과 이용하기 어려운 기업 활동을 결정하는 두 가지 요인이 있다.

첫 번째 요인은 자기 회사를 타사와 차별화할 필요성의 높고 낮음이라는 '차별화 니즈'이며, 두 번째 요인은 그 기업 활동이 표준화하기 쉬운 것인지 어려운 것인지 하는 '범용성'이다.

'차별화 니즈'란, 타 기업과 다른 것을 소유할 필요성이 높은 전략적 요소이다. 이 니즈가 높은 경우 많은 비용을 지불하면서까지 그 가치를 사내에 축적할 필요성을 느낀다.

반대로 이 니즈가 낮을 경우, 즉 전략적으로 타사와 노하우를 공유해도 큰 문제가 없는 경우는 비용 절감의 니즈가 높아져 외부에 위탁해도 좋은 활동이라 할 수 있다.

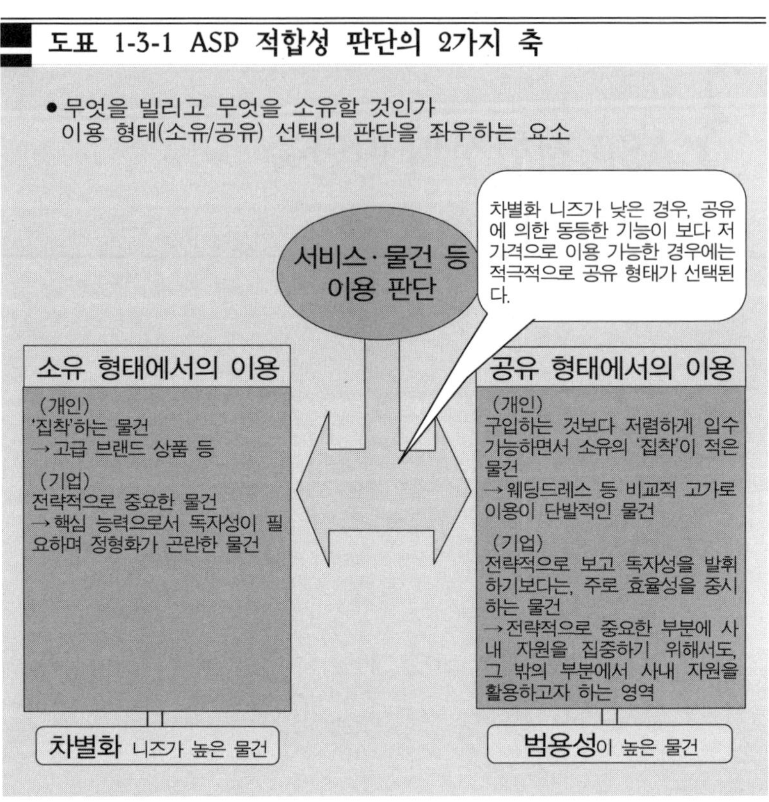

국내 기업은 1990년대의 경제 정체기 전까지는 이 가치가 약했다. 그러나 현재 모든 것을 자사 내에서 해결하는 기업 경영에서 '선택과 집중'의 기업 경영으로 구조가 변화하고 있다. 기업 경영에 있어서 무엇을 '차별화'해야 할 것인가라는 판단이 중요시되고 있는 것이다.

그러나 어떤 활동이 '차별화'해야 할 활동이 아니라고 판단된 경우일지라도 ASP를 간단히 해결할 수 있는 것은 아니다.

● 차별화 니즈가 낮고 현상의 범용성이 낮은 부분이 공유 영역으로 이행하는 퍼텐셜(Potential)이 높은 영역이다.
  ‣ 상기 기술한 ‘차별화 니즈’와 ‘범용성’에 대해 각각 종축, 횡축의 매트릭스로 분석한다(단, 이 매트릭스의 횡축은 현상의 범용성 정도를 나타내는 것임).
  ‣ 예를 들면 ‘차별화 니스가 낮다’에도 불구하고 ‘범용성이 낮은 방법’을 하고 있는 업무가 있을 경우, 제한된 경영 자원의 유효 이용에서도 업무를 혁신하여 범용성이 높은 방법에 맞춰 ‘공유’로 이행하는 선택을 할 수 있는 가능성이 높다.

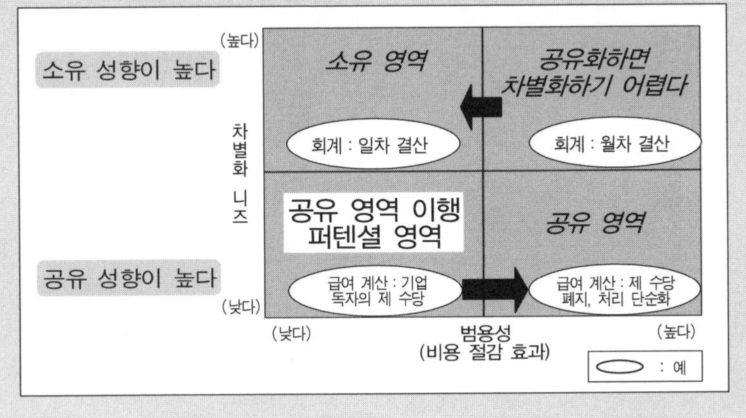

두 번째 판단 기준인 ‘범용성’이 높다고 판단되면 ASP에서는 거론되지 않는다.

국내 기업에서는 일단 ‘차별화’해야 하는 활동이 아닌, 즉 전략적인 업무가 아니라고 판단한 활동을 ‘범용적’으로 하는 노력이 필요하다고 할 수 있다. 지금까지는 그 회사에 특유한 절차가 되어 있는 경우가 많았다. 예를 들어 경리 업무의 경우 서류가 꼭 ‘자사적’일 필요는 없는 것이다.

표준화된 패키지 애플리케이션을 구입해 도입한 기업의 경우에도 지금까지 그 기성복에 맞추지 않고 수많은 맞춤 생산을 하고 있는 경우를 볼 수 있다.

ASP 서비스를 이용할 경우는 철저하게 '표준'에 맞추는 노력이 필요하다. 따라서 표준에 맞추기 위해서는 우선 상거래 습관을 변화시키는데 성공해야 한다.

어떤 대기업은 최고경영자 자신부터 고객에게 양해를 구해 그 절차를 바꾸도록 노력한 결과 성공할 수 있었다고 한다.

4 비핵심 업무의 수익화

‘차별화’ 니즈가 낮다는 것은 기업의 근본으로, ‘핵심(Core)’ 업무 이외의 모든 업무는 ‘비핵심(Noncore)’ 업무라고 말할 수 있다. 그 중에서도 특히 ‘범용성’이 높은 업무에서 ASP 서비스가 출현하고 있다고 말할 수 있다.

다수의 기업에게 공통적인 조달 업무인 MRO(Maintenance Repair and Operating supplies)라는 간접품(문구, 사무용품 등)의 조달 사이트 구축 움직임 등이 여기에 해당한다.

미국의 GM(제너럴 모터스)이나 일본의 소니 등과 같은 대기업은 이미 조달 사이트를 외부에 개방해 서비스로 제공하는 것을 고려하고 있다. 이것은 기존 자사 활동의 지원 업무 시스템(=비핵심 업무)을 경쟁력 있는 구조로 혁신하여 외부 판매라는(=수익화) 움직임과 비교할 수 있다.

이것은 생산자 시점의 가치 사슬(Value Chain)에서 소비자・이용자 시점의 가치 사슬로 이행한다는 네트워크 사회의 커다란 움직임의 하나라고 볼 수 있다.

기업 활동에 있어서도 정보 시스템의 이용자가 네트워크 가치 사슬의 시점이 되기 시작하고 있다.

ASP 서비스의 가장 흥미로운 점은 비핵심 업무의 수익화라는 현상이다. ASP는 외부로의 아웃소스이며, 그것을 채택하는 비즈니스의 등장이다.

현재 이 비즈니스를 채택하고 있는 회사는 그리 많지 않다. 비핵심 업무의 ASP 승자가 되기 위해서는 비핵심 업무가 표준적으로 되어 있어, 외부에 제공할 수 있는 규모가 존재하는 기업이다.

다시 말하면 대기업의 비핵심 업무가 지금 시선을 모으고 있다. 대기업이 비핵심 업무로 ASP 서비스를 개시할 경우, 그 사업장은 서서히 독립성을 높여 궁극적으로는 매각이나 MBO, 상장 기업의 대상이 될 수 있는 새로운 기업이 창조된다는 것을 의미한다.

MBO(경영자 인수 : Management Buy-Out)란, 기업 또는 사업부의 현 경영진이 중심이 되어 해당 기업으로부터 분리되는 사업이나 기업을 인수・합병(M&A)하는 것으로, 인수 자금은 대부분 투자 은행에서 조달한다.

일반적으로 M&A가 외부에 의해 이뤄지는데 반해 MBO는 회사 측과 사내 임직원 간의 계약으로 이뤄진다는 점에서 구별된다. 따라서 기존 임직원이 신설 회사의 주요 주주가 되는 동시에 경영진으로 참여하게 된다. 인수 주체가 현 경영진이 아니라 종업원이 되는 경우도 있는데, 종업원 지분이 50%를 넘으면 '종업원 인수(EBO : Employee Buy-Out)'라고 부른다.

예를 들어 총무 관련 업무를 ASP화 하면 그 인재에 대해 외부에 업무를 제공하는 컨설팅으로 배출하는 교육을 해야 한다. 총무 업무의 프로가 된 인재는 새로운 회사 주식을 받고, 그 수익의 일부는 캐피털 게인(Capital Gain)으로서 획득할 수 있다. 또한 총무 업무의 프로는 다른 총무 ASP 서비스 회사에 스카우트 대상이 될 정도로 시장 가치를 높일 수도 있다.

5 ASP의 지리적 제약

똑같은 총무 업무를 서비스하는 ASP 회사 또는 센터는 어느 정도 수의 존재가 가능하고 또한 필요할 것인가? 한 회사에서 어느 정도의 지점을 전국에 개설해야 하는 것인가? 궁극적으로 ASP는 세계에서 유일한 총무 ASP로서 만족할 것인가? 대답은 아니오이다. 그 가장 큰 이유는 현실 세계와의 접점에 의한 제약 때문이다.

현실 세계는 네트워크 내에 디지털 세계(=버추얼)에 대한 현실 세계를 의미한다. 이 현실 세계와의 접점에 있는 제약에는, 물리적 제약과 비물리적 제약이 존재한다.

물리적 제약은 ASP 서비스로서 사람과 사람이 물리적으로 교류하는(만나는) 것이 필요하고, 물건의 배송이 필요할 경우의 효율성이다.

공유에 대한 제약

<물리적 제약>
- ASP 이용에 부수적으로 사람과 사람이 물리적으로 교류하는(만나는) 것이 필요
- ASP 이용에 부수적으로 물류가 얽힘

→ 이동 및 수송 수단으로 분류된다

<비물리적(규제·언어 등의) 제약>
- 언어 / 통화
- 법 규제 / 세제
- 지역성(상거래 습관 등)

→ 지역/국가/언어권으로 분류된다

비물리적 제약은 언어나 습관적 제약이다. 구체적으로는 제품 설명서가 다른 언어이기도 하고 지불 비용이 다른 통화이기도하는 것처럼, 제약이나 상품 제공에 있어서 법 규제나 세제가 다른 것에 대한 제약을 의미한다.

물리적 제약은 인간의 이동 수단 및 물건의 수송 수단에서 ASP에 있어서의 효과적인 지리적 규모가 규정되며, 언어나 습관에 의한 제약은 국가나 언어권이 그 효과적인 범위를 규정한다고 생각할 수 있다.

이상에서 살펴본 바와 같이 ASP는 그 제공하는 서비스 내용, 설명하는 필요의 유무, 배송 책임 등 몇 가지 효과적인 지리적 광의성에 의해 분류 가능하다고 할 수 있다.

그것을 여기에서는 이동·이송 수단으로 상징되는 4가지의 광의로 분류하여, 공유화의 범위라는 의미로 각각 '공유(Share)'

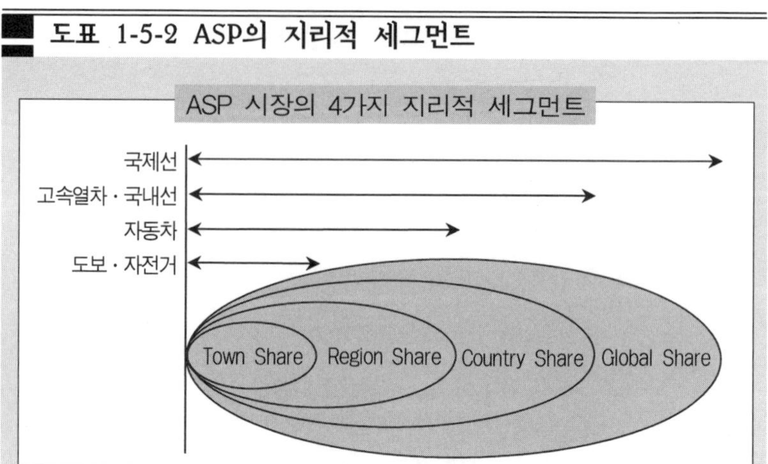

라는 개념으로 표현하였다.

이 4가지의 '공유'라는 것은 비교적 작은 마을이나 도시에서 구성되는 ASP(=Town Share), 국내를 효율적인 몇 개의 블록으로 나눠 제공하는 ASP(=Region Share), 국가 전체를 대상으로 하는 ASP(Country Share) 및 세계 전체를 대상으로 하는 ASP(=Global Share)이다. 이하 그 개념을 설명한다.

● Town Share :

노령화 사회의 시대에는 시스템이 어떻게 발전할 것인가? 최후에는 얼굴을 마주하는 스킨십이 가능한 형태로의 서비스 수행이 필요하게 된다. 이 효율성은 도보나 자전거로 이동할 수 있는 범위가 가장 효과적인 범위라고 할 수 있다. 이 세그먼트를 'Town Share'라 한다.

• Region Share :

행정 업무 등의 경우 현상 유지로는 그 효율성에 문제가 있다고 생각할 수 있다. 그러나 이후에는 그 행정 구역간의 공유화가 진행되어 비용 효율 등이 극대화할 수 있는 지역에서 주민 서비스를 제공해간다고 생각할 수 있다. 이 적정한 규모를 'Region Share'라고 한다.

• Country Share :

기업이나 정부에 있어서 언어나 법률 등이 다르면 공유의 어려움이 초래된다. 국가에 한정되는 지역 구분도 중요하며, 이를 'Country Share'라 한다.

• Global Share :

컨트리를 확대한 개념이 글로벌이다. 글로벌도 유럽 대륙, 북남미 대륙, 아시아 등 효과적인 공유로 분할하는 경우도 있다.

제2장

ASP가 기업을 바꾼다

1 e비즈니스와 ASP

제1장에서는 ASP가 출현하게 된 시대적 배경, ASP의 본질과 특성 등에 대해 살펴보았다. 제2장에서는 기업에 초점을 맞추어 어떻게 ASP를 파악하고, 어떻게 대응해야 하는가에 대해 살펴보고자 한다.

먼저 본론으로 들어가기 전에 혼동하기 쉬운 e비즈니스와 ASP의 관계에 대해 정리해둔다.

e비즈니스란, 기업이 현재 하고 있는 일에 가상의(인터넷을 이용한) 세계를 추가하는 것으로, 기존 비즈니스의 폭발적인 확대를 도모하는 것이다.

바꿔 말하면 핵심(Core) 업무(또는 수익 업무)를 대상으로 기존의 비즈니스 모델을 인터넷상에서 새로운 모델로 변혁하는 것이다.

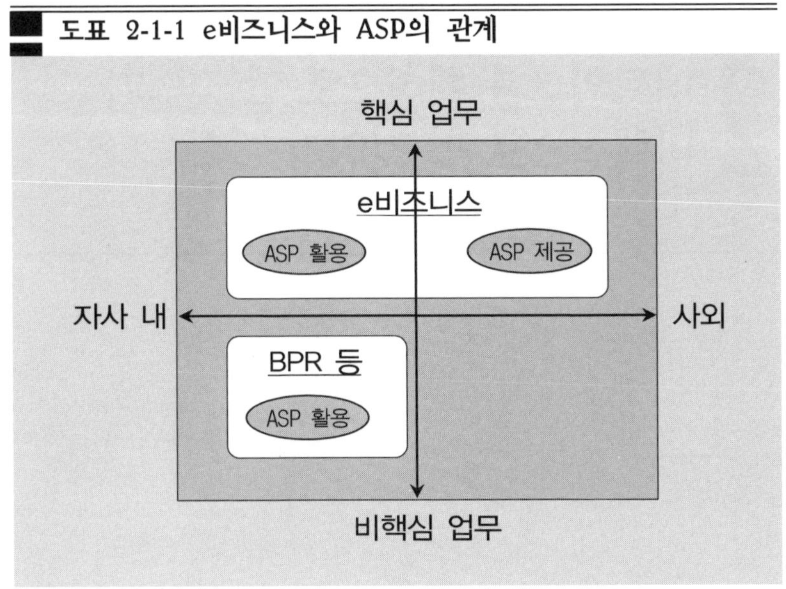

이 비즈니스 모델을 구축하기 전에 자사에서 구축한 이외에 모델 구축 지원 수단으로 ASP 서비스를 활용할 수 있다. 반대로 새로운 비즈니스 모델을 구축하여 타사에 서비스를 제공하는 방향도 있지만, 이 경우에는 자사가 ASP 제공자가 된다는 것이다.

이렇듯 e비즈니스란 핵심 업무에 관한 비즈니스 모델의 한 형태로 나타나며, ASP는 비즈니스 모델을 구축하기 위한 '수단'이라는 평가와 '상품(제공 서비스)' 평가라는 두 가지 방향으로 파악된다.

2 네트워크를 핵심으로 할 것인가, 비핵심으로 할 것인가

대기업에서 벤처기업까지 여러 기업이 e비즈니스로의 대책 수립에 대해 매스컴이 강조하고 있는 것처럼, e비즈니스 또는 네트워크로의 대책은 이제 기업이 피할 수 없는 현실이 되었다.

이 네트워크로의 대응에 있어, 경영자는 전략상 중대한 하나의 선택을 강요받게 된다. 네트워크 수익을 추구하여 사업으로서 적극적으로 대응할 것인가? 또는 네트워크에 효율화를 추구하여 업무 변혁 수단으로서 활용할 것인가의 선택이 바로 그것이다. 즉 네트워크에 의한 애플리케이션의 제공자가 될 것인가, 이용자가 될 것인가의 문제인 것이다.

앞에서 언급한 것처럼 애플리케이션은 이제 소유하는 시대에서 네트워크를 경유해 빌려서 이용하는 시대로 크게 변화하고 있다.

　기업이 애플리케이션을 빌리는 것은 아웃소싱의 한 형태이며, 위탁 방법이 통신 네트워크를 경유한다는 점에서 '네트워크 소싱'으로 생각할 수 있다.

　이 네트워크 소싱에 있어서, 기업은 '애플리케이션 제공자(Net Sourcer)'와 '애플리케이션 이용자(Net Sourcee)' 두 가지로 분류된다.

　그리고 이 애플리케이션 이용자가 바로 딜로이트 컨설팅이 생각하는 'ASP'이며, '네트워크'를 자사의 핵심 업무 또는 수익을 올리는 업무로서 대응해나갈 선택을 하는 기업인 것이다.

애플리케이션 제공자가 되기 위한 선택을 하는 기업에 따라 ASP의 대상 애플리케이션의 폭은 매우 넓다.

회계·판매·구매·생산 관리 등 기업의 기간 업무 애플리케이션을 타 기업에 네트워크를 통해 제공하는 것도, 기업 간의 거래 조달·판매 사이트를 구축하여 타 기업에게 제공하는 것도 모두 ASP이다. 또한 전자상거래 쇼핑몰을 운영하는 것도, 이메일의 운용을 위탁하는 것도 모두 ASP로 생각할 수 있다.

지금까지 IT 사용자였던 기업이라도 핵심 업무로서 네트워크에 대응함으로써, 새로운 수익 구조를 구축할 수 있는 가능성이 얼마든지 있는 것이다.

물론 ASP 서비스 제공업체가 되는 것을 쉽게 생각하면 안 된다. 겉으로 드러나는 것만 보고 쉽게 판단해 네트워크화에 의해 애플리케이션 제공 비즈니스에 참여하는 장벽이 낮아진 것처럼 보이지만 결코 그렇지 않다.

ASP로서 네트워크 활용을 수익 업무로 이끌어내기 위해서는 경쟁력이 있는 비즈니스 모델을 구축하고, 그 위에 비즈니스 모델을 계속적으로 업그레이드 시킬 수 있는 노력이 요구된다. 그러기 위해서는 업종·업무·IT에 관한 고도의 기술과 노하우가 필요하다.

한편 ASP는 애플리케이션 이용자(Net Sourcee)를 선택하는 기업에 의해 업무 혁신 수단으로 활용된다. 기존의 기업 업무 혁신에서 BPR(업무재설계 : Business Process Reengineering)을 행하여, 자사에서 시스템을 구축하는 것이 일반적이었다.

이때 시스템 구축 효율화 하나의 수단으로서 '요건 정의~개발'까지를 간략화한 ERP(전사적자원관리 : Enterprise Resource

Pianning)가 존재하지만, 운용은 어디까지나 자사에서 행하는 것이 기본이었다. 즉 설계에서 개발까지 일종의 아웃소스이다.

그러나 업무 프로세스를 재구축 할 때마다 시스템 기능을 변경하고, 또 그때마다 다른 운용 기술자를 자사 내에서 길러야 할 필요성 때문에 업무를 변혁시키는 속도화의 제약이 따랐다.

앞으로는 ASP 서비스를 활용함으로써 업무 프로세스 재구축에 필요한 기능 및 그 시스템 운용을 네트워크에서 구할 수 있게 된다. 즉 ASP가 스피드 시대에 요구되는 기업의 업무 프로세스 변혁 수단으로 되어간다고 생각할 수 있다.

다음 항에서는 사업으로서의 ASP 대응 방법과 업무 변혁 수단으로서의 ASP 대응 방법에 대해 서술하겠다.

3 사업으로서의 ASP

1. ASP의 두 가지 사업 전개

ASP 서비스로서 애플리케이션 제공자가 되는 것은 어떠한 기업에서, 또 어떠한 전개에 의해 ASP가 되는 걸까.

여기서는 우선 네트워크를 통한 애플리케이션 제공 서비스에 대해서 말할 때 자주 사용되고 있는 '수직적(Vertical)'과 '수평적(Horizontal)'이라는 개념에 대해 언급하고, 그 다음에 ASP에의 전개를 고찰한다.

우선 '수직적'은 제조업에 있어서의 원재료 구매나 생산 등 업종 특유의 업무를 나타내는 경우에 사용되는 표현이다. 그리고 '수평적'이란 회계·인사 등 어느 업종에도 비교적 공통적으로 적용되는 업무를 나타내는 경우에 사용하는 표현이다.

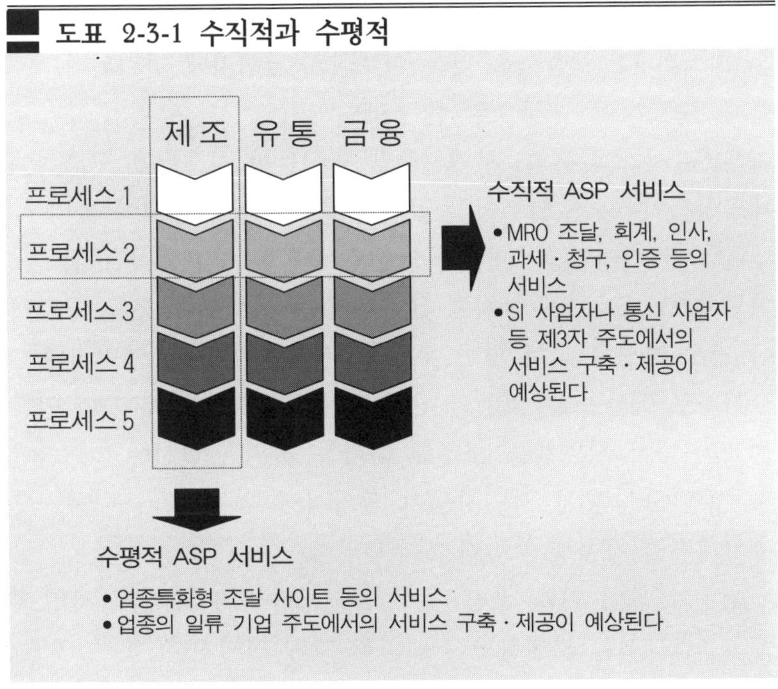

ASP 서비스도 '수직적 서비스'와 '수평적 서비스'로 분류할 수 있다. 그렇다면 각각의 서비스에서 누가 제공의 주체자가 될 수 있을까.

우선 '수직적 서비스'에서는 각 업종의 '수직'성을 깊이 파고들어, 업종 특유의 그리고 경쟁력 있는 비즈니스 모델을 구축해야만 한다. 그러기 위해서는 업종에 관한 매우 깊은 이해와 업무 프로세스 시스템 구축력이 필요하게 된다.

이러한 힘을 갖고 있는 것은, 예를 들면 편의점업계의 세븐일레븐이나 소매업계의 가오(花王, 화장품 등 생활용품업체)와 같은 각 업계의 일류 기업(Leading Company)과 업종에 대한 깊은 지식과 IT 구축력을 갖춘 일부의 공급업자에 한정된다.

즉 '수직적'을 대상으로 한 ASP 서비스는 일류 기업 주도로 다른 SI(시스템 통합) 사업자들을 끌어들여 시스템을 구축하여 제공하든지, 혹은 일부의 공급업자가 제공할 가능성이 높다.

'수평적 서비스'의 경우는 업종을 불문하는 공통적인 업무·기능이므로, 다수의 업계를 끌어들여 공통화 된 구조를 구축하여 많은 장점을 갖는 편이 우위성을 가질 수 있는 영역이다.

거꾸로 말하면 한 업종의 리더 기업이 주도권을 갖고 타 업종을 끌어들여 시스템을 구축해 나가는 것은 곤란하며, 제3자인 SI 사업자나 통신 사업자들이 앞장서서 공통적인 구조를 구축·제공할 가능성이 높다고 추측된다.

ASP의 사업 전개 방법은 '수직적 서비스'와 '수평적 서비스' 중에 어느 것을 지향하느냐에 따라 크게 달라진다.

'수직적 서비스'의 경우에는 <도표 2-3-2>의 사업 전개 케이스 ①에 있는 것처럼 업계의 일류 기업 등이 주도하여,

- 우선 서비스화 할 대상 업무를 선정하여,
- 그것을 경쟁력 있는 업무 프로세스와 '재설계(Redesign)'하여 비즈니스 모델을 구축하고,
- 다음에 구축한 모델을 자사로부터 관련 기업, 거래처 기업으로 전개(Deployment)하여,
- 사외에의 서비스 제공을 개시한다(즉, ASP가 된다)

는 모델로 발전해나갈 것으로 예상된다.

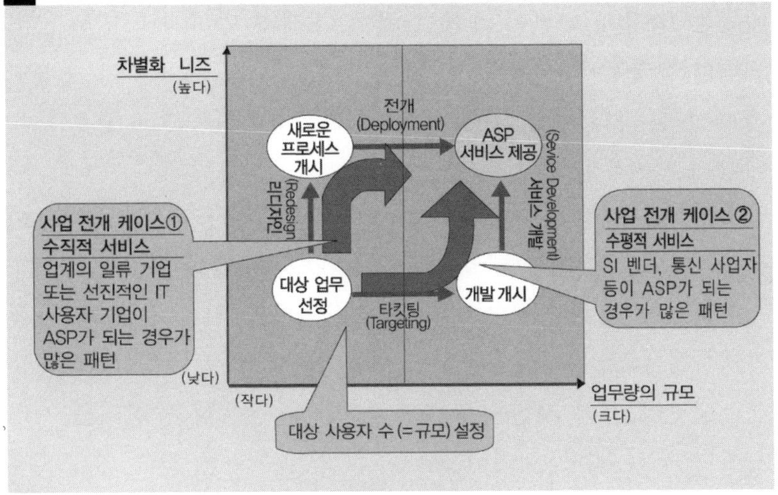

한편 '수평적 서비스'의 경우에는 <도표 2-3-2>의 사업 전개 케이스 ②에 있는 것처럼, 후지츠(富士通)·IBM·히타치(日立)와 같은 SI(시스템 통합 : System Integration) 사업자나 NTT·DDI와 같은 통신 사업자 등이 주도하여,

- 우선 서비스화 할 대상 업무를 선정하여,
- 그 서비스의 대상 예정 사용자 수를 계획하고,
- 다음에 서비스 개발(Service Development)을 행하여,
- ASP 서비스 제공을 개시한다

는 모델로 발전해나갈 것으로 예상된다.

ASP 주제에서 벗어날지 모르겠지만, 독자들의 이해를 돕기 위해 '최근에 자주 듣게 되는 데이터 센터나 하우징, 호스팅과 ASP는 어떻게 다른가'라는 질문에 대해 간단하게 설명해둔다.

데이터 센터란, 기업의 정보 시스템 서버를 설치하여 운용하는 장소를 가리키며, 그 서비스 내용이 하우징과 호스팅으로 분류된다.

하우징은 사용자 기업의 자산인 서버를 수용하는 건물을 하우징업자가 데이터 센터로 제공하여 운용을 돌봐주는 서비스다.

또한 호스팅에서는 서버도 호스팅업자의 자산이 된다. 애플리케이션 호스팅이라는 말도 있지만, 이것은 애플리케이션도 호스팅 사업자의 자산으로 그것을 제공·운용하는 형태를 가리키며 ASP와 같은 것이다.

2. ASP의 수익 구조와 사업 특성

앞 단원에서 ASP 사업 전개의 두 가지 패턴을 보았다. 그렇다면 ASP는 어떤 수익 구조를 갖고 있는 것일까.

우선 비용을 보면, ASP의 총 비용 중에서 시스템 구축·도입의 초기 비용이 매우 큰 비율을 차지한다. 가장 큰 것은 과거 데이터의 변환 비용과 기존 시스템과의 인터페이스 개발 비용이고, 다음으로 패키지 맞춤 생산 비용과 유지 관리 비용이다.

다음은 매출인데, 통상 ASP에서는 초기 비용을 평준화하여 일정 기간에 비용을 징수하는 수익 모델을 취한다. 즉 고객 기업의 시스템 최종 사용자(end-user) 수 등의 변수를 기초로 월 고정액으로 요금 계산과 징수를 하는 수익 모델이다.

도표 2-3-3 ASP 수익 모델의 예

• 1사(A사) 만의 비용과 이익을 회수하는 모델의 경우

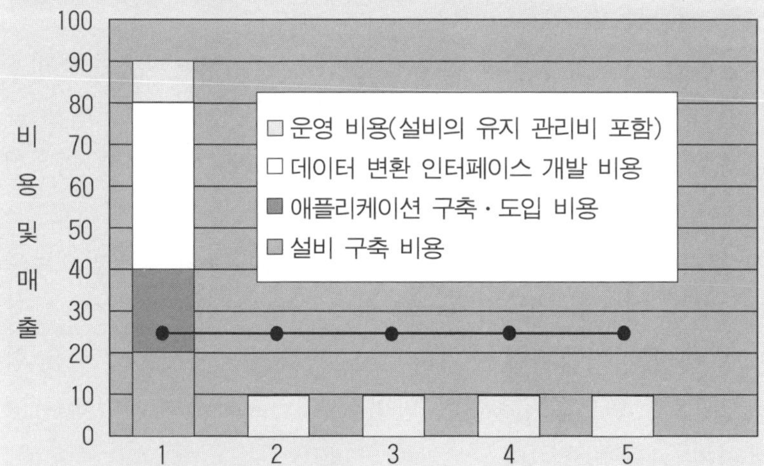

• 동일한 것을 B~D사에서 추가적으로 이용한 경우에는 많은 비용이 절감 가능(데이터 변환 인터페이스 개발만 개별 발생으로 했음)하고, 예를 들어 아래의 표처럼 수익 모델을 생각할 수 있다

	1	2	3	4	5	5년간 합계
매출	84	84	84	84	84	420
A(기본 이용자)	21	21	21	21	21	105
B(추가 이용자)	21	21	21	21	21	105
C(추가 이용자)	21	21	21	21	21	105
D(추가 이용자)	21	21	21	21	21	105
총비용(과거 데이터의 변환 비용은 각사에서 발생한다)	210	10	10	10	10	290
신생회사 세금 전 현금 흐름	-126	74	74	74	74	130

이상에서 알 수 있는 것처럼 ASP 서비스 비즈니스를 전개하고자 하는 기업에게 가장 중요한 핵심은 초기 비용 항목을 얼마만큼 절감할 수 있느냐이다.

일반적으로 초기 비용 부담을 절감하는 방법은 두 가지이다.

하나는 자사에서 보유하고 있는(또는 개발중인) 시스템을 근거로, ASP 서비스로 제공이 가능한 시스템을 개발하는 경우이다. 이른바 DBR(Design Build & Run)이라 불리는 형태로, 초기 투자는 이미 어느 정도 비용화 되어 있어 추가 투자만으로도 해결되는 것으로 대기업이 이용하기 쉬운 방법이다.

또 하나는 기업끼리 초기의 ASP 기획 단계에서부터 뜻을 합해 하나의 ASP를 구축하는 방법으로, 비교적 중소기업에서 적용하기 쉬운 방법이다.

이 경우 하나의 시스템을 여러 기업이 분할하는 것이 되지만, 업계 단체 주도로 대응하는 방법이나 여러 기업의 합의하에 전개하는 경우도 있다.

어느 것이라도 수익 구조로서는 도표에 있는 것처럼, 초기 비용과 운용 비용의 합계에 이익을 추가한 금액이 설정되는 것이다. 그리고 예상한 그 이상의 기업 수가 참여한 경우 추가로 발생되는 이익은 타당한 형태로 주주, 이용자 기업, 서비스를 제공하는 기업에 분배된다.

앞에서 서술한 바와 같이 ASP 서비스는 비핵심 업무를 대상으로 하는 경우가 많기 때문에 공유 가능성이 있는 기업의 수도 많아진다. 즉 가능한 한 많은 기업에서 ASP 서비스를 공동으로 이용하는 것으로, 참여한 기업이 얻을 수 있는 비용의 이익도

커지며, 참여하지 않은 기업보다 경쟁력이 더 높아진다.

이것은 ASP 기업이 참여 기업을 위한 인프라적인 존재가 된다고 파악할 수도 있으며, 일부 기업의 이익 대상으로 존속하기보다는 장기적으로는 모회사로부터 독립하여 객관적인 입장을 구축할 필요성도 높아진다.

그러기 위해서는 자본 관계, 이익 배분, 분리 독립 후의 계획을 초기부터 상정하여 회사를 설립해야 한다.

일반적으로 ASP의 지식이나 비즈니스 모델은 서비스 계약서에 모두 포함되어 있다. 그 때문에 서비스의 위험 부담 방법, 참가 기업 내에서의 수익 배분 방법, 비용에 대한 문제, 계약의 변경 방법, 계속적인 정보 공개 등을 초기 단계부터 상정하여 서비스 계약서에 규정해 둘 필요가 있다. 그리고 주주들에게는 한층 상세한 비용 정보를 사전에 공개해둔다. 그렇게 하면 업무 대가의 타당성이 항상 검증되게 된다.

또한 회사 설립시 '누가 자본을 출자하는가'라는 부분도 명확하게 인식해두어야 한다.

대부분의 경우에는 많은 기업이 출자하는 경향이 있지만, 자본과 위험은 서로 대응하는 법이다. 즉 초기 단계에서 위험을 부담한 기업이 자본을 출자하여 성공한 경우에는 그 기업이 배당 이익을 획득해야 한다.

도표 <2-3-4>는 ASP 서비스에 관여하는 기업이 무엇을 ASP 회사에 제공하는가를 나타내고 있다.

회사 설립 초기부터 관여하는 기업은 위험에 대한 부담도 지게 된다. 그 위험을 떠안는 기업의 하나는 서비스 대상의 업무 규모를 이미 보유하고 있는 기업으로 사업을 개시할 때의 멤버

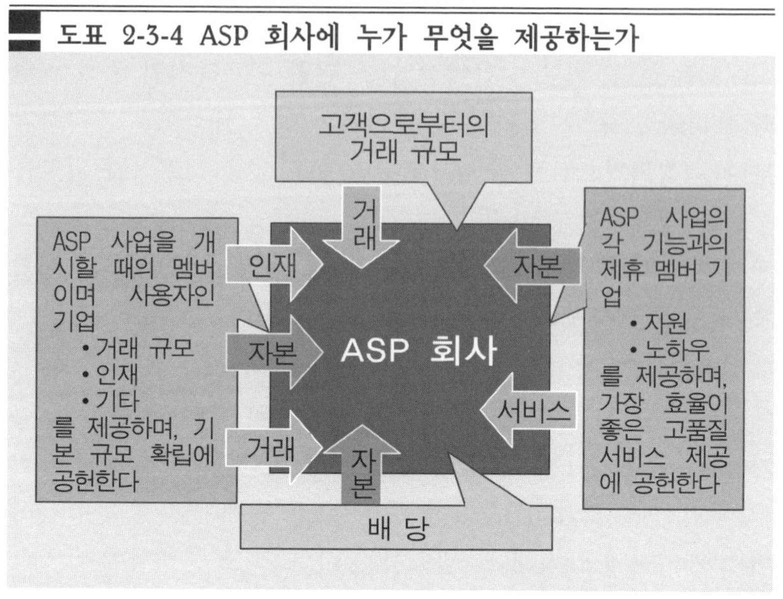

이며, 또한 사용자이기도 한 기업이다. 이 기업으로부터는 인재
와 초기의 거래 규모가 제공된다.

위험을 부담하는 또 다른 기업은 ASP 서비스 수준을 고품질
로 유지하는데 공헌하는 기업으로 통신 사업자, SI 사업자, 컨
설팅 회사 등 다양한 기업이 여기에 해당된다고 할 수 있다.

여기서 주목해야 할 것은, ASP에는 반드시 우수한 실현 기능
의 집합체적 메커니즘이 존재한다는 사실이다.

특정 기업의 주관적인 존재가 되거나 또는 그 때문에 비싼 서
비스 비용을 지불해야 하는 문제 등의 장애물이 존재한다면, 그
ASP는 장기적으로 존속되어야 할 가치가 없어지고 시장 경쟁
에서 밀려나 결국 도태될 것이다.

대기업 등에서 인재를 스카우트 해오는 경우에도, 스카우트 된 인재에게 캐피털 게인(Capital gain : 자본 이익)을 제공하는 등 비핵심 부분이기 때문에 생기는 편견을 없애고 기업가적인 정신으로 새로운 ASP 회사를 설립해야 한다.

3. e비즈니스를 위한 ASP 서비스 검토의 네 가지 시점

여기서는 기업이 대처해야 하는 e비즈니스에 대해, 비즈니스 모델 구축의 지원 수단으로서 ASP 서비스를 제공하는 경우에 검토할 핵심에 대해 알아본다.

앞에서 언급한 것처럼, e비즈니스는 기존의 시스템 모델을 인터넷이라는 구조를 이용해 새로운 비즈니스 모델로 변혁하는 것이다. 따라서 대기업은 이 e비즈니스를 이용해 핵심 사업으로 재활성화를 도모하는 것이 가장 중요하다.

e비즈니스가 출현할 경우는 기존의 비즈니스로 행하고 있는 활동이 네 가지의 부가가치 요소로 나눠짐으로써 발생하는 경우와 지리적 괴리나 기업 간의 벽이라는, 현재 분리되어 있는 것을 묶음으로써 발생하는 경우가 있다.

와세다대학의 이와무라 미치루(岩村充) 교수는 e비즈니스의 부가가치를 네 가지로 나누고 있다.

첫 번째로 무엇을 구입하는가 하는 '검색', 두 번째로 실물 상품을 제공하는 '배송', 세 번째로 상품이 실제로 존재하는 것을 이용자에게 담보하는 '보증', 네 번째로 그 자금의 상환 인수로서의 '금융'을 들 수 있다.

첫 번째 기능은 '검색(search)'이다. 고금의 훌륭한 '상인'들은 팔리는 상품을 찾아내는 천재였다. 또한 현대의 마케팅 달인들은 고객이 원하는 것이 무엇인지, 갖고 싶어 하는 것이 무엇인지 고객보다 자신이 더 잘 알고 있다고 호언하고 있다.

현대의 마케팅이 정말로 이 수준에까지 도달해 있는지는 그만두고라도, 고객이 원하는 상품을 찾아서 고객이 돈을 지불해도 좋다고 생각하는 가격을 붙여서 파는 기능, 즉 '검색'이라는 기능은 상업의 가장 기본적인 기능이라는 점에 많은 사람들은 이의를 달지 않는다.

고금의 상업에서 경쟁은 무엇보다도 이 '검색' 기능을 어떻게 능숙하게 이행하는가 하는 승부였다고 말할 수 있다.

그러나 '검색' 기능만으로는 상업 활동이 성립하지 않는다. 고객이 구입한 상품을 고객의 집까지 전달하는 기능도 필요하다. 이것이 상업의 두 번째 기능으로서의 '배송(delivery)'이다.

역이나 항구의 창고나 배송 센터에서 열심히 일하는 사람들이 없으면 상업은 성립하지 않는다. 이 '배송' 기능을 다하기 위해서는 많은 자본력과 수많은 사람들을 필요로 한다.

근대 상업의 발전기에는 선주를 비롯한 대규모 수송업자가 유력한 상인인 경우가 많았다. 그것은 그들이 '배송'의 기능을 담당한 일꾼이었기 때문이다. '배송' 기능은 언뜻 보면 단순해 보이지만, 상업을 상업답게 하는데 꼭 필요한 요소다.

상업의 세 번째 기능으로는 '보증(guarantee)'을 들 수 있다. 상품이 정말로 고객이 원하는 것인가, 표시된 품질이나 성능을 실현할 수 있는 것인가 등을 고객에게 신뢰받지 못하면 비즈니스로서의 발전은 기대하기 어렵다.

우리는 가격이 다소 비싸더라도 인지도가 높은 브랜드나 상점, 백화점 혹은 통신 판매 회사에서 상품을 구입하는 경우가 많다. 고객인 소비자가 상품 공급자나 품질에 대해서 많은 지식을 갖고 있지 않은 경우에 이 경향이 특히 두드러진다.

이것은 그들이 제공하는 상품이 고객의 요구 수준을 만족시키는, 이른바 '채무 보증'은 아니지만 조금 더 일반적인 시점에서 '보증'해 줄 것을 기대하고 있기 때문이다.

근대적인 상업 혹은 유통업의 경쟁에서는 이러한 '보증'의 기능을 어떻게 다하느냐가 때로 결정적인 요소가 된다.

그리고 네 번째 기능은 '금융(finance)'이다. 많은 상품이 판매되었다고 해서 즉시 고객에게 전달되는 것이 아니다. 주문 생산의 경우라면 더욱 시간이 걸린다. 그러한 시간적인 차이에서 생기는 경제적 부담을 메우는 것도 상업의 중요한 역할이다.

상업은 매입에 필요한 자금을 부담하고, 상품이 판매된 때에 자금을 회수한다. 이것은 은행이나 증권회사가 수행하고 있는 기능과는 형태가 약간 다르지만, 타인을 위해서 자금 조달을 한다는 점에서는 역시 '금융'이라고 말할 수 있는 기능이다. 예로부터 상업 활동이란 바로 금융 활동이기도 했던 것이다(『e비즈니스 경영』에서 발췌. 딜로이트 토마츠 컨설팅/딜로이트 컨설팅 코리아 옮김, 이미지북 발행).

ASP도 이 네 가지의 기능인 '검색', '배송', '보증', '금융'에 주목하는 것이 비즈니스 기회를 만들어내는데 아주 유효하다고 생각된다.

4 업무 혁신 수단으로서의 ASP

1. 혁신 수단으로서의 위치 평가

ASP는 앞에서 언급한 것처럼 기업의 업무 혁신을 지원하는 수단의 하나로 평가할 수 있다. 최고경영자 또는 관리자는 이 수단이 어떠한 경영이나 업무 혁신에서 효과를 발휘하는 것인지 잘 이해를 한 다음에 활용할 필요가 있다.

<도표 2-4-1>은 경영·업무 혁신을 시행할 때 선택되는 수단에 대해서 혁신 수준의 크고 작음을 횡축으로, 혁신 효과의 급진성을 종축으로 작성한 것이다.

ASP는 이 그림에서 알 수 있는 것처럼 혁신 수준이 중간 정도 전후의 전략 수준 혁신과 업무 수준 혁신의 위치에 평가되어, 전략적 아웃소싱·공유 서비스와 BPR(Business Process

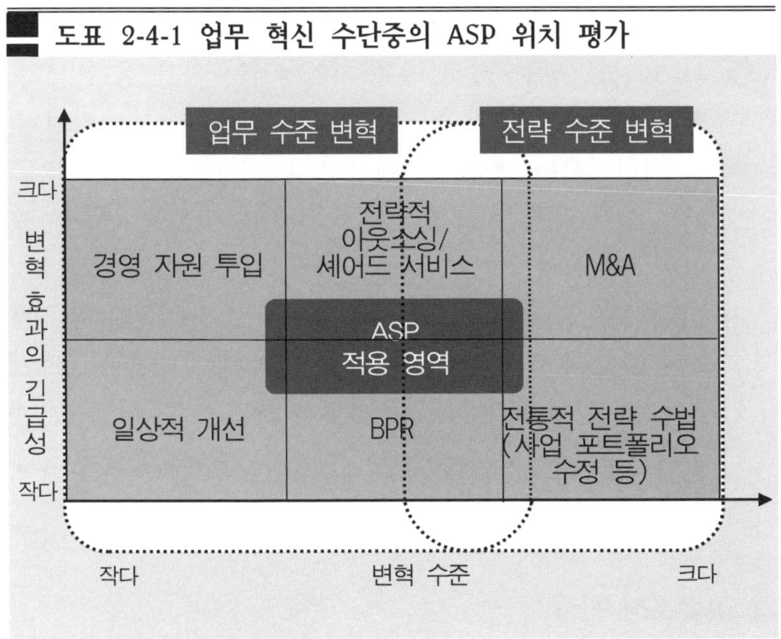

Reengineering)을 유효하게 기능시키기 위한 촉진제 역할을 맡게 된다.

ASP 활용에 의한 업무 혁신을 수행하기 위해서는 다음의 세 가지 포인트를 명확하게 해둘 필요가 있다.

① 경영 전략상의 IT 위치 평가 :

우선 IT를 기본으로 한 업무 프로세스 구축을 경합 전략상 어떻게 평가할 것인가를 명확하게 해둘 필요가 있다. 이것에 의해 ASP를 어떻게 활용하는가가 달라진다.

• IT를 중요한 차별화 요인으로 파악하는 기업의 경우——

편의점 업계처럼 IT 자신이 경합 우위성을 구축하는 중요
한 요인인 경우, 특히 일류 기업에서는 자사 독자적으로
항상 선진적인 업무 프로세스를 구축해 나간다. 따라서 일
류 기업에서는 핵심 업무에의 ASP 적용은 어렵고, 백 오
피스 업무 등의 비핵심 업무가 ASP의 활용을 생각할 수
있는 영역이다.

- IT를 중요한 차별화 요인으로 파악하지 않는 기업의 경우
  —— 이 경우에는 일정한 수준을 만족시키는 업무 프로세
  스 구축을 저비용으로 실현하고자 하는 요구가 강해진다.
  따라서 이 경우에서는 핵심 업무를 포함하여 폭넓게 ASP
  의 적용 가능성이 있다.

② 아웃소싱 전략 :

우선 자사의 핵심 업무를 명확하게 하는 것에서 시작된다.
특히 여기에서는 계속적인 업무 프로세스 혁신을 하기 위해
서는 자사에 어떠한 기술 및 인재를 확보할 수 있는가를 명
확하게 해둘 필요가 있다.

예를 들면 제조업의 생산 관리·물류 등 자사의 핵심 업무
에 가까운 영역에 대해서는 업무와 시스템과의 중개 역할을
할 수 있는 인재를 육성·확보해두지 않으면 계속적인 업무
혁신을 할 수 없게 될 가능성이 높다. 이러한 기술과 인재
확보를 한 다음 외부에 위탁할 수 있는 것을 ASP화 해가면
좋을 것이다.

또한 아웃소싱에서는 외부 위탁으로 남게 된 잉여 인재를
어떻게 교육하고 재배치할 것인가 하는 충실한 인사 프로그

램도 필수적이다.

③ IT 전략 :

자사에 통신 네트워크 및 정보 시스템의 중장기 계획을 명확하게 해둘 필요가 있다. 특히 네트워크나 OS(운영 체제 : Operating System), 데이터베이스 등 인프라에 가까운 부분은 장기적인 시점에서 '데이터를 어디에 보관할 것인가', '무엇을 표준으로 할 것인가'를 명확하게 한 다음에 외부 활용을 검토할 필요가 있다.

그렇게 하지 않으면 인터페이스의 개별 작업이 많아 누더기 시스템이 되어 확장성이 없고, 운용 위탁 비용도 많이 드는 시스템을 아웃소싱 하는 것으로 이어지고 만다.

이상 세 가지 점을 명확하게 한 다음 기업은 업무 혁신에 ASP를 활용할 수 있다. <도표 2-4-2>는 ASP를 활용하여 업무 프로세스를 재구축한 일례를 나타내고 있다.

2. ASP 활용의 장점

여기서는 ASP 서비스 도입 장점의 일반적인 사항에 대해서 언급한다. 기업은 ASP를 도입하면 다음의 효과를 기대할 수 있다.

● 신속한 경영 지원 :

21세기 경영에서 가장 중요한 첫 번째 과제는 스피드 경영이다. 업무 혁신의 경우도 지금보다 훨씬 빠른 신속성을 요구 받게 된다. 비즈니스 모델을 포함한 애플리케이션을 네트워크를 통해 렌털함으로써 신속한 업무 혁신을 실현할 수 있다.

미국에서는 통상적으로 정보 시스템을 구축할 때 수개월에서 수 년 걸리는 것이 ASP를 이용한 후에는 수주에서 수개월로 단축할 수 있었다.

● 비용 절감 :

자사가 개발한 프로그램에 비해 ASP는 한 곳에 업무를 집중시키기 때문에 개발 비용과 운용 비용 모두를 줄일 수 있으며, 기업에서 보면 정보 시스템에 관한 상당한 비용 절감 효과를 기대할 수 있다. 한 ASP 사업자의 계산에 의하면, 회계 시스템을 직접 자사가 개발·운용하는 것에 비해 ASP를 활용하면, TCO(Total Cost of Ownership)는 50%의 절감을 실현할 수 있었다고 한다.

- ● 핵심 업무에 집중 실현 :

    IT가 기업 전략상 매우 중요한 요소가 되고 있다. 최근에는 IT 활용 방법을 이해하는 것이 초고경영자(CEO)의 필수 조건이라고 말해지기도 한다.

    IT를 기업 전략에 활용하기 위해서는 기업 내 정보 시스템에 관계하는 사람은 기업 전략에 따른 정보 시스템의 전략 입안, 기획 업무로 이동할 것이 요구된다. 그렇게 하기 위해서는 종래에 시간이 할애되었던 운용 등의 비핵심 업무를 아웃소싱할 필요가 있으며, ASP가 그것을 실현할 수 있다.

- ● IT 활용의 융통성 확보 :

    IT 수단은 날다마 새롭게 발전하여 다양한 모델이 등장하고 있다. 기업이 새로운 IT를 이용할 때 많은 시간을 투자해 애플리케이션을 개발해 실제로 이용해보면 기대에 어긋나는 경우도 많이 발생한다.

    그러나 ASP는 먼저 이용해보고 난 후 정식으로 시스템을 도입할 것인가를 평가하는 IT 활용의 융통성을 제공한다.

- ● 유연성 제공 :

    기업은 성장하는 생물과 같다. 따라서 처음에 정보 시스템을 도입한 시점부터 몇 년 후에는 규모가 전혀 달라지는 일도 자주 있다. ASP는 통상 그 기업에 필요한 부분만 제공하고 그에 따른 요금을 설정하며, 사용자가 시스템 확장을 요구하면 그에 응하는 유연성이 있는 서비스를 제공하고 있다.

3. ASP 활용의 다섯 가지 핵심

마지막으로 ASP 사업자를 선정하여 실제로 활용하는 경우의 유의점을 몇 가지 기술하겠다. ASP 사업자 선정 및 활용에는 다음의 다섯 가지 핵심에 주의하여 대응할 필요가 있다.

① ASP 사업자의 제휴 내용을 음미한다 :
　　뒤에서 언급하겠지만, ASP는 한 회사만을 대상으로 서비스를 제공하는 것이 곤란한 비즈니스다. 따라서 복수 기업의 업무 제휴로 서비스를 제공하는 사업자가 대부분이다. 그렇지만 각 제공 기업의 서비스 제공력, 기업 체력 등에 대해서도 신뢰할 수 있는가 없는가를 잘 음미해 볼 필요가 있다. 특히 중요한 핵심으로는 다음의 ②~④를 들 수 있다.

② 애플리케이션 벤더의 기업 체력은 괜찮은가 :
　　기간 업무 시스템은 한번 개발·도입하면 간단하게 바꿀 수 없다. 여기서 특히 중요한 것은 ASP 사업자가 제공하는 애플리케이션이 어느 벤더로부터 제공되는가 하는 것이다. 교환이 곤란한 것인 만큼 IT 기술의 발전에 맞춰 버전을 업

그레이드 하여 기능 추가를 계속해서 해주는 벤더의 애플리케이션이 바람직하다.

따라서 어느 정도 체력과 기술력이 있는 벤더의 애플리케이션을 제공하고 있는 ASP 사업자를 선정하는 것이 앞으로의 대응을 생각하면 안심이 된다.

③ 통신 서비스의 제공력도 체크한다 :

각 기업과 인터뷰를 해본 결과 기업들이 가장 염려하고 있는 부분이 바로 인터넷을 기반으로 한 경우의 통신 비용과 고객 대응, 보안 문제 등이었다.

이 중에서도 특히 고객 대응이 불성실한 경우에는 업무를 계속해서 지탱할 수 없다는 문제점이 있다. 따라서 ASP 사업자를 선정할 때에는 통신 서비스 제공을 맡고 있는가. 또는 그 설비나 기술력은 문제가 없는가를 잘 체크해 볼 필요가 있다.

또한 앞으로는 모바일 기기로 ASP를 활용하는 요구도 증가하기 때문에 이 점에서도 통신의 기술력이 문제된다.

④ 헬프데스크는 충실한가 :

처음에는 제공 애플리케이션의 기능과 비용 절감에 많은 신경을 쓰기 쉽다. 하지만 실제 운용에 들어가면 제일 먼저 서비스 수준을 실감하는 것이 바로 이 항목이다. 헬프데스크가 어떠한 체제(24시간 체제 등)를 갖추고 있는가, 최종 사용자를 대응할 기술자의 업무 지식이나 대응 능력은 충분한 수준인가 등을 잘 체크해 둘 필요가 있다.

⑤ 계약 내용은 정기적으로 재검토하는 항목을 넣는다 :

아웃소싱 서비스를 계약할 때는 필수 항목이지만, 특히
ASP의 경우 기술의 발전에 의해 운용 비용이 절감될 여지
가 얼마든지 가능하다. 따라서 서비스 내용이나 수준 이외에
도, 정기적으로 가격에 대해 다시 조정할 수 있는 항목을 삽
입해 보다 저렴한 가격으로 재계약을 할 수 있는 가능성을
열어둘 필요가 있다.

제3장

ASP는 이미 시작되었다

제1장, 제2장에서 ASP가 시장을 확대할 가능성과 기업 활동을 크게 변화시킬 가능성에 대해서 살펴보았다. 그런데 이러한 움직임은 단순한 가능성에만 머무는 것이 아니라 이미 실현되고 있다.

사용자 기업이 네트워크에 의해 서비스 제공자로 바뀌는 현상, 비핵심 업무를 대상으로 한 ASP 서비스의 제공, 신속한 업무 혁신을 위한 수단으로서의 ASP의 활용, 업종을 특화하여 경쟁력 있는 비즈니스 모델을 구축하여 서비스로 제공하는 등 모두 현실로 전개되고 있다.

이 장에서는 ASP 활용의 사례, 또는 사업 사례에 대해서 미국과 일본에서 수집한 내용을 소개한다.

1 일본의 ASP 사례

1. IT 사용자에서 서비스 제공자로 —— 미스미의 사례

소유하지 않는 경영을 기업 이념으로 삼고 있는 독특한 경영으로 널리 알려진 미스미는, ASP라는 단어가 사용되기 수년 전부터 ASP적인 서비스를 활용해왔다. 그야말로 경영의 선진성을 나타내는 하나의 사례라고 할 수 있다.

그 미스미가 이번에는 자사의 강점을 살려 수평형(vertical)에 특화한 ASP 서비스 전개를 검토하고 있다. 즉 IT 사용자에서 IT 서비스 제공자로의 전환을 고려하고 있는 것이다.

기업 개념

미스미(http://www.misumi.co.jp/)는 금형이나 FA용 부품 등

을 카탈로그 통신 판매를 하는 상사로, 그동안 축적한 노하우를 살려 의료기구와 식료품 재료 등의 신규 분야에도 참여하여 업무 분야를 넓히고 있다.

1999년 3월 기준의 매출액은 약 380억 엔의 중소기업이지만, 영업 이익은 42억 엔, 영업 이익률은 약 11%로 높은 수익성을 자랑하고 있다.

대규모 종합상사의 같은 시기 영업 이익률이 0.2% 정도인 것을 생각하면, 11%의 이익률은 경이적이라 할 수 있다. '기업 내 기업가'에 의한 사업 개발, 팀제에 의한 조직 체제 등의 혁신적인 구조 만들기에 적극적으로 대처해나가고 있는 기업으로 최근 몇 년 동안 주목을 받고 있다.

이와 같은 혁신적인 대처는 모두 다구치 히로시(田口弘) 사장이 내세운 세 가지 기업 이념을 기업 전체에서 추구함으로써 가능했던 것이다.

미스미의 기업 이념

① 마켓 아웃(Market Out : 구매 대리점)
② 소유하지 않는 경영
③ 열린 정책(Open Policy)

이 세 가지 기업 이념 중에 특히 ②와 ③은 ASP를 유효하게 활용하기 위한 필요 조건이라 할 수 있다. '소유하지 않는 경영'은 그야말로 ASP나 아웃소싱의 기본 컨셉트라 할 수 있으며, '열린 정책'에 의거하여 사내·외에 정보를 자유롭게 교환하는 것은 ASP나 아웃소싱을 성공시키는데 꼭 필요하다.

'시대를 앞서간다고 할 수 있는 미스미의 세 가지 기업 이념은, 정보 통신 시스템이 지탱해준다'고 다구치 사장은 그의 저서에서 말하고 있다. 이처럼 미스미는 세 가지 기업 이념을 실현하기 위해서 적극적으로 새로운 IT 기술과 개념을 도입하고 있다. 그리고 그 정보 통신 시스템을 사내의 정보 시스템으로 이행할 때 실제 일어난 사고를 계기로 다이와소켄(大和總研)에 아웃소스하고 있다.

독점 상태로 경쟁 원리가 작용하지 않게 된 자사 시스템보다 아웃소스한 경우가 항상 최신의, 최고 양질의 시스템을 아무런 사고 없이 사용할 수 있다고 생각하기 때문이다.

또한 미스미에서는 ASP라는 단어가 생기기 훨씬 이전부터 ASP적이라 할 수 있는 서비스를 이용해왔다. 미스미에 있어 ASP는 결코 특별한 것이 아니라 어디까지나 '소유하지 않는 경영'을 실현하기 위한 수단의 하나로 생각하고 있다.

즉 '기업의 다양한 요구를 충족할 수 있는 시스템을 짧은 기간에 정밀도가 높게 개발할 수 있는 최적의 ASP가 있다면 이용을 검토할 것이다. 그러나 만약 그러한 ASP가 없다면 아웃소서 업체를 찾아 개발에서 운용까지 맡길 것이다'라며 후지와라(藤原) 정보네트워크 팀 리더는 말하고 있다.

현재 미스미의 백 오피스계 업무를 보면, 인사 시스템을 사내에 구축하지 않고 직원들의 급여 계산을 분카호소(文化放送) 브레인이 개발한 시스템을 아웃소스(BRO)하고 있다. 또한 총무 업무에 대해서는 사람마다 아웃소스하고 있으며, 회계는 다이이치(第一)생명정보시스템이 개발·운용하고 있는 R/3 (SAP사의 ERP 애플리케이션)을 ASP로 이용하고 있다. 그리고 조달·

판매·물류 기능을 갖는 기간계 시스템은 개발과 운용을 모두 다이와소켄에 맡기고 있다.

미스미의 정보 시스템을 관리하는 네 명의 사원이 하는 일은, 시스템의 기획이나 개요 설계 같은 자사의 전략에 관한 부분과 실제 업무에 관한 지식이 필요로 하는 부분뿐이다.

그런데도 미스미는 '다이와소켄으로 하여금 아웃소서 업무를 파악해 사내의 최종 사용자에게 어떻게 할 것인가 등과 같은 제안형 컨설팅을 해주기 바라는 뜻에서 다이와소켄의 컨설턴트 다섯 명을 상주시키고 있다.

단순한 아웃소서와 아웃소스의 관계가 아니라 파트너로서 서로의 지식과 노하우를 공유하여, 사내·외의 사용자에게 보다 나은 서비스를 제공하기 위한 시스템 구축하고자 하는 노력의 일환이다.

ASP 사용자로서의 미스미

ASP 이용에 대해서도 그 기본적인 생각은 전혀 달라지지 않는다. 현재는 회계 부분을 다이이치생명정보시스템에 개발·운용을 아웃소스하여 R/3를 이용하고 있다.

종전의 회계는 기간 시스템의 하나였지만, 국제 회계 기준에 맞지 않는 등의 문제가 발생해 회계 시스템을 재검토한 것이 ASP를 이용하는 계기가 되었다.

그때 네 개의 회사의 회계 시스템 중에서 R/3를 ASP적으로 이용할 것을 선택하고 시스템 가동을 시작한 때가 1997년이다. 이때는 ASP라는 개념이 주목받기 시작하기 훨씬 전의 일이다.

'경리 업무는 어느 기업이나 거의 비슷하다. 때문에 처음부터 시스템을 구축하기보다는 패키지 소프트웨어를 ASP로 이용할 수 있다면 효과적이라는 생각을 가지게 된다. 외상 매입과 외상 판매에 대한 관리는 데이터 제휴를 통한 기간 시스템으로 실행하고, 그 후 R/3에 접속하는 구조로 되어 있다.

그러나 이 회계 시스템도 운용 비용을 보다 절감하기 위한 재검토 시기가 오고 있다. 버전을 업그레이드 시킬 경우 R/3에 대한 애드 원(add-on) 등의 외부 장착 프로그램이 많아지고, 미스미의 오리지널이기 때문에 어려운 것이다.

'지금 생각하면 업무를 더욱 패키지에 맞추었어야 했다'(후지와라)고 하지만, ERP 도입에 관해서도 자주 거론되는 이 문제가 ASP 도입에서도 큰 문제가 된다고 생각된다.

ASP 서비스 제공자로서의 미스미

미스미의 경우 회계 시스템에서는 ASP 사용자이지만, 핵심 업무에 관해서는 ASP 서비스 제공자가 되려고 하고 있다.

카탈로그 통신 판매라는 직접 판매로 표준화 된 상품을 취급하는 비즈니스의 형태상 비교적 e커머스화·ASP화 되기 쉽고 장점도 매우 크다. 또한 비즈니스가 e커머스화·ASP화함에 따라 고객을 보다 더 중요시하는 '마켓 아웃(구매 대리점)'이라는 기업 이념의 추구도 가능하게 된다.

현재 미스미는 휴면 고객을 포함해 약 15~17만 건(활동적인 고객은 5~6만 건)의 고객을 확보하고 있다. 마케팅 센터로 불리는 수주 센터를 전국의 10군데에 설치해 이들 고객의 다양한 요구에 대응하고 있다. 이 마케팅 센터의 단말기에서 데이터가 EDI(전자문서교환 : Electronic Data Interchange)로 보내져, 다이와소켄이 관리하고 있는 기간계 시스템에서 집중적으로 관리되고 있다.

수주 시점에서 재고를 파악하고, 재고가 없을 경우에는 제조 회사에 상품 제조를 의뢰하여 청구서도 자동적으로 발행된다. 미스미의 경우 고객의 1회 최저 구매 가격이 5천 엔으로 적은 편이기 때문에 이전부터 인력이 많이 필요하지 않는 효율적인 운용을 실행해왔다.

앞으로는 고객에 대한 ASP 서비스로 자사의 기간계 애플리케이션을 웹상에서 모두 관리하고, 현재 기간계 시스템에서 보유하고 있는 거래처·품목·가격·납기 등의 데이터 거의 모두를 고객이 인터넷을 통해 접속할 수 있도록 시스템을 구축하고 있다.

현재는 수주 담당자가 수주를 직접 확인하고 고객에게 일일이 대응하는 출하 정보에 대한 문의 등도 고객이 기간계 시스템 정보에 직접 접속할 수 있게 되면 효율적이며 고객의 만족도 또한 향상될 것이다.

그 이외에도 아직 시험 단계이긴 하지만 웹상에서 반도체 매칭 사이트를 운영하고 있으며, 주력 상품인 금형 등의 e커머스 사이트 운영도 검토하고 있다.

또한 발주 업무나 CAD(전산설계 : Computer-Aided Design), 온라인 쇼핑과 같은 부가가치 서비스를 제공하는 인터넷 서비스(미스미 온라인)를 이미 시작하고 있다. 접속 포인트 등의 인프라는 니프티(Nifty)와 제휴하고 있다.

미스미가 제공하는 인터넷 서비스는 기업 고객의 업종에 특

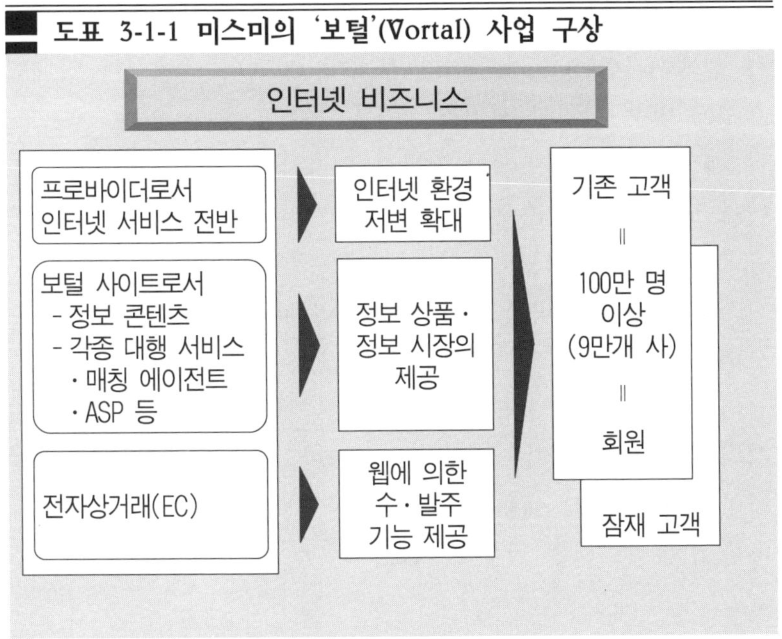

화하여 업종마다 다르게 필요시 되는 기능을 제공하는 수직적 (Vertical) 서비스다. 그 때문에 니프티의 서비스와는 경쟁하지 않는다.

"인터넷이 널리 보급된 지 5년 정도밖에 되지 않아 아직 어느 기업에서도 차별화는 되어 있지 않다. 때문에 참여 장벽이 낮고 비즈니스로 성립시키는 것이 어렵다. 차별화 할 것이 있다면 납기·품질·물류와의 제휴 등으로 이것은 하루아침에 만들어지는 것이 아니다. 그렇기 때문에 업종이나 업태에 맞춘 비즈니스 모델의 구축과 제안력이 필요하다. 그러나 미스미의 강점은 이미 많은 고객을 확고하고 있다는 것이다."(이사 이노구마)

미스미 온라인이 제공하는 서비스를 수직적 포털(Portal)이라는 점에서 '보털(Vortal)'이라 부르며, 고객의 업종이나 업태별 요구에 맞는 진정한 서비스 제공을 목표로 하고 있다.

"세상의 e비즈니스에서 정말로 수직적 서비스에 특화한 비즈니스 모델은 아직 존재하지 않는다. 그러나 미스미는 원래 업종을 전문화한 형태의 비즈니스를 계속해왔으며, 그를 위한 업무 시스템 기반이 정비되어 있다. 그렇기 때문에 유효한 비즈니스 모델을 구축할 수 있는 것이다."(이노쿠마 씨)

이것은 그야말로 '마켓 아웃'이라는 기업 이념을 추구하고, 고객의 소리에 귀를 기울여 온 미스미였기 때문에 제공할 수 있는 서비스이며, ASP 사용자라는 경험을 살려 새로운 미스미의 세계를 만들어 갈 수 있을 것이다.

2. 비핵심 업무를 수익원으로 — NTT커뮤니케이션스의 사례

NTT커뮤니케이션스(http://www.ntt.com/)는 자사의 총무 전반에 관한 백 오피스계의 업무 경험과 노하우를 활용하여 전자 조달 시스템이라는 ASP 서비스를 타 기업에게 제공하고 있다. 그야말로 비핵심 업무를 수익원으로 하는 ASP의 전형적인 사례라고 할 수 있다.

MRO 조달의 서비스 개요

NTT커뮤니케이션스는, 1999년 7월 NTT가 재편성 된 후 자회사로 독립한 기업으로 일본 내의 통신 서비스, 인터넷 통신 서비스 및 국제 통신 서비스를 제공하는 기업이다.

솔루션 사업부는 네트워크 판매를 중심으로 컨설팅, SI(시스템통합, NI(네트워크통합 : Network Integration), 아웃소싱, e커머스 플랫폼 구축 등 토털 비즈니스 솔루션을 제공하고 있다.

솔루션 사업부에서는 2000년 2월부터 부서 내에서 MRO 전자 조달 시스템(닷컴서플라이체인)의 이용 실험을 끝내고 6월부터 타사에 서비스 제공을 시작하고 있다.

MRO(Maintenance, Repair and Operations)란, 문구·서적·컴퓨터 등 사무 자동화(OA) 기기나 공장의 작업용품과 기계 부품 등 기업이 회사 경비로 구입하는 간접재나 서비스를 의미하는 총칭이다.

이들 간접재 조달 업무는 기업의 경쟁력에 직접적인 영향을 미치지 않았기 때문에 이전에는 그다지 엄격한 관리를 하지 않는 경우가 많았다. 그러나 비용 절감 효과가 크다는 점에서 B2B의 e비즈니스 분야의 하나로 현재 주목받고 있다.

지금까지의 조달 사이트가 1 대 N의 공급자 모델이거나 구매자 모델이었던 것에 비해, 닷컴서플라이체인은 N 대 N의 마켓플레이스 모델 조달 사이트인 것이 특징이다.

닷컴서플라이체인은 문구회사인 아스쿨과 플러스(Plus), 컴퓨터 관련의 간토(關東)전자, OA 공급업체인 캐논 판매와 리코 등 20개사 정도의 공급업체가 참가하고 있다.

현재 구매자 사이트는 여러 회사에서 독자적으로 시작하고 있으며, 각각의 인터페이스를 갖고 있다. 닷컴서플라이체인은 이러한 사이트를 한군데 묶어놓고 있기 때문에 각각의 사이트 URL을 찾기 위해 시간을 낭비하는 수고를 덜 수 있다.

모델	이미지도		장점	단점
공급자 모델 예:시스코 :벤리넷	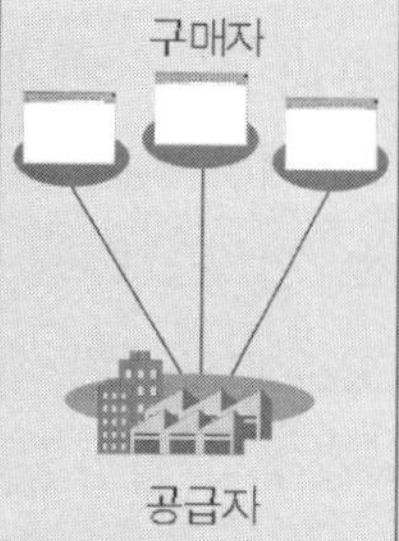 구매자 공급자	공급자	• 판매 비용 절감 • 판매 채널 확대 • 업무 효율화 • 재고, 반품, 처리 잘못을 줄임 • 실시간 정보 제공이 가능	• 구매자마다 구매 워크 플로우에 적응해야 한다
		구매자		• 구매 이력이 자사 시스템에 반영되지 않는다 • 공급자마다 별도의 인터페이스가 생긴다
구매자 모델 예:NEC :후지츠 :히타치	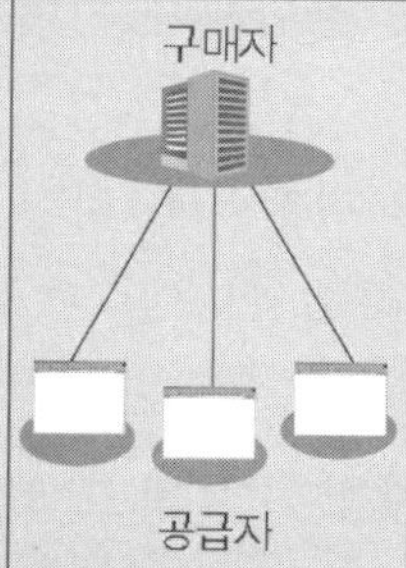 구매자 공급자	공급자		• 구매자에 맞춘 인터페이스를 제공해야 한다
		구매자	• 조달 비용 절감 • 조달 업무의 간소화 • 할인 증가 • 자사 경리 시스템과의 용이한 접속	• 대기업밖에 적응할 수 없다 • 시스템 구축,유지 비용 이 높다 . • 공급자를 찾는데 어려움이 있다
마켓플레이스 모델 (N:1:N 모델)	 구매자 마켓플레이스 공급자	공급자	• 공급자 모델의 장점 승계 • 구축·운용 비용 절감 • 인터페이스 통합 • 카탈로그 경영의 단일화 • 큰 시장으로의 진출	
		구매자	• 구매자 모델의 장점 승계 • 구축·운용 비용 절감 • 인터페이스 통합 • 큰 시장으로의 진출	

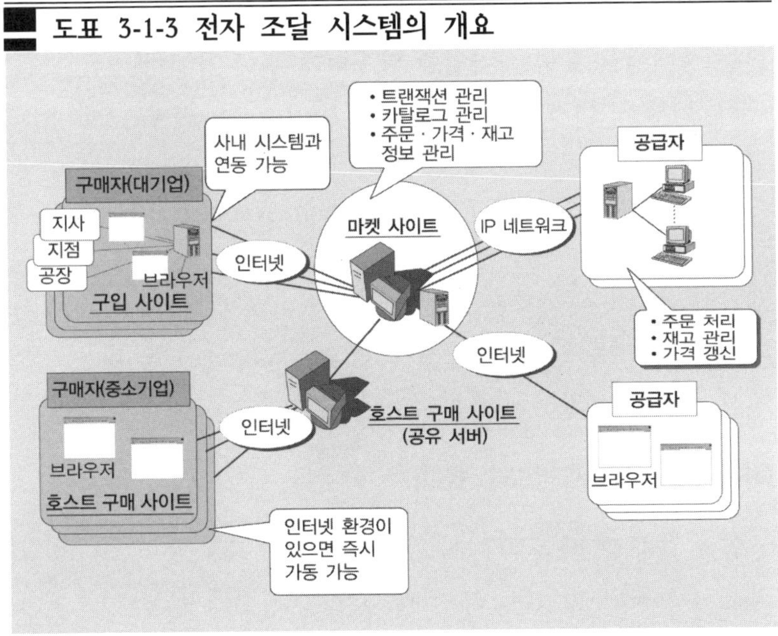

구매자는 각 공급자가 제공하는 상품의 가격과 납기, 기타 서비스를 전자 카탈로그로 비교 검토하여 자신의 수요에 가장 적합한 공급자로부터 웹상에서 구매할 수 있다.

대기업의 경우에는 통합이 필요하지만, 사내의 기존 시스템과 연결하여 경리 업무 처리나 승인 등의 워크 플로우(work flow)를 자동적으로 실행할 수도 있다. 또한 인터넷 환경이 갖춰져 있다면 공유 서버를 이용하여 즉시 이용 가능한 중소기업용 서비스도 있다.

닷컴서플라이체인의 마켓 사이트 측은 트랜잭션(Transaction : 정보의 교환이나 데이터베이스 갱신 등 연관되는 작업들에 대한 일련의 연속을 의미하는데, 데이터베이스의 무결성이 보장되는 상태에서 요청된 작업을 완수하기 위한 작업의 기본 단위) 관리, 카탈로그 관리, 주문·가격·재고 정보 관리, 주문 이력 관리 기능을 갖는다.

이러한 기능은 미국 커머스원(commerceone.com)사의 마켓 사이트라는 포털 솔루션 소프트웨어를, 일본 시장에 맞게 주문 제작하여 서비스 제공을 하고 있다. 이 마켓 사이트는 미국 GM 의 자동차 부품 전자 조달 시장(Trade Xchange) 등 많은 기업 에서 이용하고 있는 소프트웨어다.

이용 실험의 예상 외 효과

원래 솔루션 사업부에서는 e비즈니스의 새로운 비즈니스 기회를 검토하고 있었다. 그 결과 문구라는 점에서 MRO를 시행해 보기로 하고 서비스 제공을 검토하기 시작한 것이다.

솔루션 사업부의 사쿠라이(櫻井) 씨는, "역시 고객이 정말로 원하는 것을 제공하기 위해서는 우선 자신들이 써보는 것이 중요하다"는 점에서, 기존의 공급자인 한 회사의 협력을 얻어 솔루션 사업부의 총무 업무에 도입하여 이용 실험을 하였다.

하나의 사업부라고는 하나 총 인원이 1600명으로 웬만한 기업에 버금가는 규모로, 6개 부서의 각 총무 업무 담당자와 전결 책임을 가진 과장 30명의 사용자가 대상이 되었다. 그리고 사용자 측과 공급자 측 쌍방에 대해 인터뷰 조사를 하여 수·발주 프로세스에 관한 상세한 분석도 하였다.

이용 실험 결과는 발주 프로세스에 소요되는 시간을 자신들이 예상한 그 이상으로 단축시킬 수 있었다.

솔루션 사업부 제3영업부 영업 개발 담당자인 이마이즈미(今泉) 씨는, "지금까지는 많은 기업들이 구입 금액의 비용 절감밖에 생각하지 않았다. 인건비에 가장 많은 비용이 들어가므로, 앞으로는 사람에게 드는 비용을 어떻게 줄이느냐를 생각해야 한다"고 말한다.

전자 조달 사이트를 이용함으로써 보다 싸게 구입하는 구입 금액 비용 절감과 그 발주에 드는 인건비 두 가지를 동시에 절감할 수 있게 되는 것이다.

다만, 사람에게 드는 비용을 절감한다고 하면 곧 구조 조정이 필요하다는 우려 때문에, 현재의 기업에서는 잘 받아들여지지 않는 경우가 많다.

이 점에 대해서 이마이즈미 씨는, "그런 일은 절대 없다. 총무 업무를 담당하는 사람의 업무가 달라질 뿐이다. 내가 살아있는 증인이다"라고 말한다.

이마이즈미 씨는 현재 영업 개발 담당자로서 닷컴서플라이체인의 서비스를 개시하기 위한 영업 활동으로 매우 바쁘다. 그렇지만 마켓 사이트 소프트웨어의 이용 실험을 하기 전에는 영업부의 총무 업무를 담당했었다.

실제로 닷컴서플라이체인을 이용해 본 결과 기존에 했던 구매 업무에 걸리는 시간을 단축할 수 있었다. 또한 축적된 다양한 노하우를 공개하여 전달할 수 있게 되었기 때문에, 구매 업무 자체를 전혀 경험하지 못한 파견 사원에게 위탁하는 것도 가능하게 되었다.

그 결과 현재는 "여유 있는 시간을 영업에 활용하기 위해" 고객 확보를 위한 영업 활동을 하고 있다. 총무 업무나 담당자에게도 정통하고, 닷컴서플라이체인의 사용자이기도 했던 이마이즈미 씨의 컨설팅 영업은 매우 설득력이 있는 것이다.

총무 업무가 달라진다

이마이즈미 씨에 의하면, 기존의 총무 업무 담당자는 기업 내의 '만물박사'적인 존재로 인식되어 뭔가 모르는 것이 있으면 총무 업무 담당자에게 자문을 구하는 상황이었다. 그 때문에 총무 업무 담당자에게는 실로 다양한 지식과 노하우가 축적되어 있다.

그렇지만 총무 업무 담당자가 회사 내의 잡다한 제반 사항에 대해 전부 대응하는 것은 현실적으로는 불가능하며 귀찮은 일이다. 때문에 모든 것을 대응해주는 특정업자에게 모두 맡겨버리는 경향도 있음을 부정할 수 없다.

"총무 담당자에게 축적된 노하우를 공유화하고, 업자와 적당히 처리하는 관계를 없애기 위해서라도 우선 정보를 공유화 할 필요가 있다. 조달 사이트를 이용함으로써 그것이 가능하고, 사원에게 권한을 이양할 수도 있어 책임 소재가 분명하며, 구매 비용을 관리하는 것도 용이하게 된다."

실제로 회사 내 시스템과도 제휴하고 있는 솔루션 사업부의 경우에는, 구매 이력 등의 데이터 관리가 용이해 지금까지 엄밀하게 행해지지 않았던 영업부 단위별 구매 비용 관리도 가능하게 되었다.

또한 이번 조달 사이트 이용 실험의 커다란 성과 중의 하나는, 지금까지의 구매 프로세스에 많은 낭비가 있었다는 사실을 깨달은 것이다. 그 결과 업무 프로세스와 총무 업무 기능의 바람직한 방향 그 자체까지 재검토하는 BPR의 좋은 계기가 되었다는 사실이다.

총무 담당자에서 영업 담당자로 바뀐 이마이즈미 씨는 극단적인 예라 하더라도, 총무 업무를 담당하는 인적 자원은 MRO 사이트를 이용함으로써 보다 부가가치가 높은 업무에 활용된다.

이마이즈미 씨는 "MRO 사이트를 이용했다고 해서 총무 담당자의 업무가 모두 없어지는 건 아니다. 어느 공급자로부터 사야하는가 하는 판단 업무나 가격을 교섭하는 것과 같은 보다 전략적인 구매 업무에 종사하게 되는 것이다"라고 말한다.

공급자에게도 커다란 영향을 미친다

닷컴서플라이체인은 고객 측 기업에게 많은 영향을 끼치는데, 공급자 측에도 커다란 영향을 끼친다. 따라서 앞으로는 취급 상품이나 공급자 수를 더욱 늘려나갈 의향이다.

공급자 측은 상품 가격·납기 등의 속도, 그 밖의 부가가치 서비스로 경쟁하게 된다. 즉 고객 기업의 선별은 보다 엄격해져 e커머스의 인프라에서는 차별화 할 수 없기 때문에, 당연히 고객 기업의 요구를 제공할 수 있는 기업만이 살아남게 된다. 때문에 새로운 아이디어 발상에 따라 새로운 비즈니스 기회를 잡을 수도 있다.

또한 닷컴서플라이체인을 이용함으로써 공급자 측도 판매 데이터 등의 입수가 용이하게 되며, 그들 데이터를 영업이나 마케팅에 이용할 수도 있다.

닷컴서플라이체인이 목표로 하는 것은 공급자와 고객 기업을 포함한 Win-Win-Win이다.

닷컴서플라이체인의 미래

마켓 사이트에서는 오리지널에 지원하지 않기 때문에 현재의 버전에서는 결제 기능, 물류 기능, 여신 기능에 관해서는 공급자의 기존 기능에 의존하고 있다.

앞으로 닷컴서플라이체인에서는 이들 기능에 관해서도 은행·카드회사·상사·도매업자 등 각각의 기능을 제공하는 전문 기업과의 제휴를 통해 서비스를 제공하려고 한다. 또한 경매 기능과 역경매 기능, 특별 판매 등을 선전하는 기능 등도 제공해 나간다.

현재까지는 아직 제한된 상품만 취급하고 있지만, 이러한 분야에서부터 시작하지 않으면 B2B 서비스는 뿌리내리지 못할 것이다.

ASP 비즈니스는 단지 좋은 비즈니스 모델을 생각하는 것만으로는 유지되지 못하며, 경험과 노하우를 바탕으로 고객이 바라는 가치 있는 서비스를 제공할 수 있을 때 비로소 비즈니스로서 유지되는 것이다.

3. ASP로 리엔지니어링──우르트재팬·히타치제작소의 사례

업종에 상관없이 시장 경쟁이 치열한 지금, 중소기업이 대기업을 상대로 시장에서 살아남기 위해서는 업무의 혁신을 신속하게 실행하지 않으면 안 된다. 그러나 그 한편에는 정보화에 투자할 자금이나 기초 체력, IT 전문 기술자가 없다는 문제점을 안고 있다.

우르트재팬은 비록 규모는 작지만 ASP를 활용함으로써 대기업에 뒤지지 않는 토털 시스템을 도입하여, 경쟁력 있는 업무 프로세스 실현에 성공한 기업이다.

대기업 수준의 토털 시스템을 실현

히타치제작소(http://www.hitachi.co.jp/) 산업 시스템 사업부는 기업을 대상으로 업무 시스템 중심의 각종 솔루션을 제공하고 있다.

1999년 12월, SAP재팬이 제공하는 ERP 패키지 소프트웨어 R/3의 기능을 웹상에서 제공하는 mySAP.com의 ASP 서비스 제공을 시작했다. 파일럿 고객으로서 주로 자동차업계의 기업 사용자에게 화학·의류·도구 등을 직접 판매하는 독일 기업의 일본 법인 우르트재팬이다.

우르트재팬(http://www.wuerth.co.jp/)은 연간 매출액 7억 엔, 총 사원 수 45명으로 일본 내에 20군데 정도의 영업 지사를 갖고 있다. 하지만 영업소가 적고 영업 인원 대부분이 재택 근무를 하고 있으며, 영업 사원은 모바일을 사용하여 수주를 관리하고 인터넷을 통해 데이터를 송·수신한다.

히타치는 이소고(磯子)에 소유하고 있는 데이터 센터로 우르트재팬이 맞춤 생산한 R/3의 재무 회계, 관리 회계, 판매 관리, 재고 관리 모델을 서버마다 SAP에서 이송하여 인터넷을 통해 ASP 서비스를 제공하고 있다. 히타치가 제공하는 서비스는 웹 호스팅 서비스와 R/3의 헬프데스크 및 하드웨어의 감시, 데이터 백업의 운용·보수 서비스 등이다.

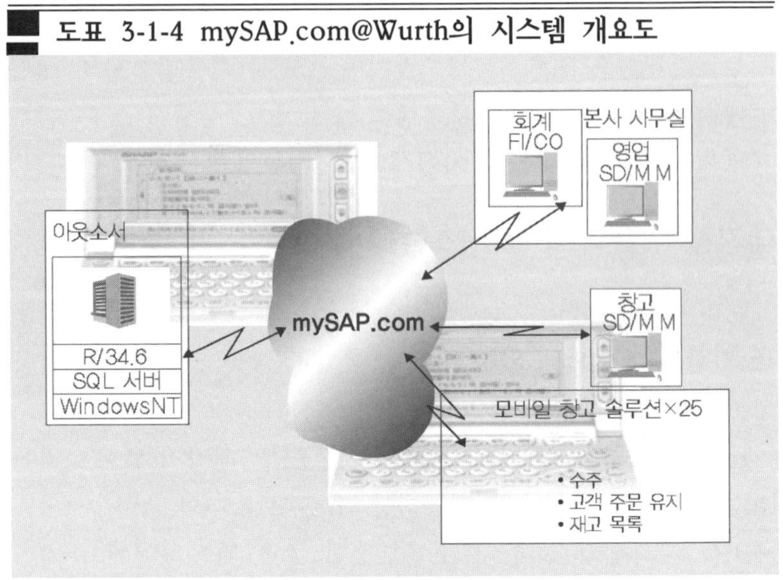

기존에는 우르트재팬과 같은 중소기업이 다양한 기능을 갖는 업무 시스템을 도입하는 것이 어려웠다.

산업 비즈니스 기획부장 우시오(潮) 씨는 "자사에서 업무 시스템을 갖기 위해서는 최소한 운영 체계를 이해하고 업무 방법을 작성할 수 있는 사람, 소프트웨어 자체를 이해하여 관리·운용을 할 수 있는 사람, LAN이나 네트워크에 관한 지식을 갖고 있는 사람, 서버를 운용할 수 있는 사람이 한꺼번에 필요하다"고 말하고 있다.

기업이 정보 시스템에 투자하는 금액은 매출액의 약 1% 정도이다. 그것을 종업원 규모에 맞추면 종업원 규모 100명 정도의 기업에서 겨우 1명의 정보 시스템 전담 인원을 배치할 수 있게 된다는 계산이다.

우르트재팬과 같은 종업원 45명 규모의 기업이 R/3과 같은 ERP 패키지를 도입하는 것은 비용면에서나 전문적인 지식을 가진 인적 자원면에서 생각해도, ASP 이용이 아니라면 도저히 생각할 수 없다. ASP 서비스 제공자 측이 데이터 센터에 애플리케이션을 집약하고, 보수·운용 서비스도 일체화함으로써 규모 효과를 추구할 수 있기 때문에 보다 저렴한 가격의 서비스가 가능한 것이다.

실제로 우르트재팬도 R/3의 도입을 검토했지만, 비용면에서 부담이 되어 단념한 경우가 있다. 그러나 ASP를 이용함으로써 정보 시스템을 자사 구축시 가장 비용이 많이 드는 초기 개발 비용을 절감할 수 있으며, 중소기업도 다양한 기능을 갖는 것보다 복잡한 애플리케이션을 활용할 수 있는 것이다.

우르트재팬의 시스템은 기본 소프트웨어가 R/3의 각 모듈 및 모바일 데이터를 송·수신하는 프로그램, 또 그 서버로 개발·도입 컨설팅은 IMG재팬과 SAP Labs도쿄개발센터가 공동으로 실시했다. 개발에 대해서는 맞춤 생산을 중심으로 새롭게 추가된 것은 장부와 전표, 모바일 기능뿐이었다.

하지만 히타치의 경우는 실제 개발 작업에는 관여하지 않고, SAP에서 히타치로의 시스템 인계는 통상적인 아웃소싱과 같은 방법으로 하였다.

R/3 솔루션 부장 가고시마 씨는, "히타치는 R/3의 대규모 사용자이며, 도입에 있어서도 국내에서 많은 실적을 갖고 있다. 또한 자사에서 하드웨어를 제공해 데이터 센터도 보유하고 있으며, 아웃소싱에 대한 실적도 풍부하다. ASP 서비스에 필요한

모든 요소에 관한 지식과 노하우를 갖고 있기 때문에 고객의 어떠한 상황이나 요구에도 대응할 수 있다"고 말한다.

업무의 인계 작업에 있어서도 애플리케이션에 관한 지식이나 아웃소스로서의 경험이 풍부해 특별한 문제는 없었다. 다만 ISP의 선택에 약간 시간이 걸린 정도였다.

서비스 수준에 관한 철저한 의논이 성공을 이끈다

몇 개의 기업이 각각의 자원을 가지고 모여서 하나의 서비스를 제공하는 것이 ASP 특징 중의 하나다. 그 때문에 ASP가 성공하기 위해서는 다양한 서비스 내용에 대해 관계자의 의사를 충분히 수렴하는 것이 꼭 필요하다.

이번의 경우에도 사용자인 우르트재팬, 소프트웨어를 제공한 SAP사, 소프트웨어의 맞춤 생산 개발을 한 IMG재팬, 그리고 소프트웨어의 보수·운용을 포함한 ASP 서비스를 제공하는 히타치 등 네 회사 간의 협의에 상당한 시간이 소요되었다.

ASP에 대한 협의는 운용 시간대와 헬프데스크의 문의 시간대, 창구·규칙·수단 등에 대해서 상세하게 검토하고 의견을 일치시켰다. 성능면에서의 SLA(Service Level Agreement)에 대해서도 서로의 위험을 분산하는 형태로 결정했다.

일본 기업의 경우 기존의 SLA 등에 대해 분명하게 정하지 않고 막연히 양해하는 경우가 많았다. 하지만 ASP나 아웃소싱의 이용이 넓어짐에 따라 사전에 충분한 검토를 하고 계약하는 것도 앞으로 중요한 사항이 될 것이다.

사용자인 우르트재팬의 마케팅 담당 안도(安藤) 씨는, ERP 패키지인 R/3을 이용하는 것에 대해서, "재고 확인, 수·발주 업무, 청구서 발행부터 경리 업무 처리까지 모두 하나의 시스템으로 매끄럽게 실행할 수 있는 것이 매력"이라고 했다. 재택 근무를 하는 영업 담당자가 다이렉트 세일을 하는 우르트재팬에게는 판매 정보를 모바일로 송·수신 할 수 있다는 점이 매우 중요하다.

또한 ASP 서비스 이용의 장점은 계약에 근거하여 기본적인 백업과 하드웨어 관리도 해준다는 사실이다. 화재가 발생했을 시 설비 등도 사내에 두는 것보다는 안전하다. 또한 업무를 대행해 주기 때문에 사원이 서버 등의 운용·보수에 시간을 빼앗기지 않기 때문에 정말로 편하다.

백 오피스계 업무에 종사하는 사람의 수는 새로운 시스템 도입 후에도 달라지지 않았지만, 새로운 시스템에 익숙해짐에 따라 업무량이 줄어들고 백 오피스 업무에 종사하는 사원의 여유 시간이 많아진다.

완전히 시스템 담당자가 된 안도 씨의 경우, 자신을 포함한 백 오피스 사원의 업무량이 줄게 되면 홈 페이지를 만들고 자료를 업그레이드 시키며 업무의 정확도를 보다 높여 본래의 비즈니스에 도움이 될 수 있는 일을 하고 싶어 한다. 또한 영업면에서의 가장 큰 장점은 고객이 방문했을 때 실시간으로 재고 상황을 확인하여 그 자리에서 발주할 수 있다는 사실이다.

우르트재팬은 3000개 정도의 다양한 아이템 상품을 취급하고 있으며, 고객의 성향이나 발주하는 상품도 다양하다. 그렇기 때문에 직접 고객과 대화를 나누면서 그 자리에서 재고를 확인하고 발주할 수 있는 시스템은 고객에게도 큰 장점이며 영업 업무의 효율화에도 큰 도움이 된다.

이번에 새로운 ASP를 이용한 시스템에 대해서 안도 씨는, "ISP(인터넷서비스제공업자 : Internet Service Provider) 업체를 이용하는 것이 훨씬 경제적"이라고 말한다. ASP를 이용할 때 부담이 되었던 통신 비용이 ISP를 이용하기 때문에 훨씬 저렴하기 때문이다.

트래픽에 대해서는 "현재 사용하고 있는 서비스 내용이나 지역 특유의 개체 차이에 의해 통신 속도가 안정되어 있지 않다는 것이 고민이다. 이 문제를 해결하기 위해 통신비에 더 많은 투자를 하면 개선되겠지만, 이렇게 할 경우 중소기업 상대의 ASP 의미가 없어진다. 앞으로 일본도 구미 수준의 고속 통신망이 확대되어 저가격화가 진행되길 기대하고 있다."

또한 염려되는 보안 측면에 대해서는 "히타치 측에서 가능한 한 포트를 좁혀 사후 관리를 해주기 때문에 걱정 없으며, 사무실의 방화벽 등도 전혀 신경을 쓰지 않아도 된다."

앞으로는 독일 본사와 다른 나라에 있는 지사의 시스템에 접속할 수 있게 되는 것을 목표로 하고 있다. 이 목표는 웹을 경유하면 간단하고 저렴하게 할 수 있다고 기대하고 있다. "본사의 회계 담당 직원이 지점의 경리 장부 정보에 접속할 수 있다면 서로 편리할 것이다'라고 앞으로의 활용 방법에 대해서도 검토를 시작했다.

기업은 서비스 제공자를 찾고 있다

ASP나 아웃소싱에 대해서 히타치의 우시오 씨는, '시대의 흐름'으로 파악하고 있으며, 앞으로는 주류가 될 거라고 생각하고 있다.

"호스트 집중 처리 시대에는 하드웨어에 스케일의 이점이 있었기 때문에 정보나 처리를 집중시켜왔다. 그러나 클라이언트 서버 시스템 시대는 LAN이 주류였기 때문에 서버와 클라이언트는 물리적으로 가까이 있을 필요가 있었다. 그러나 현재는 인터넷의 발전과 데이터 양의 증대에 따라 데이터 스토리지와 데이터에의 접속을 집중시키는 것에 가장 스케일의 이점이 존재한다."

이제는 정보를 집중시키고 처리는 어느 정도 분산시키는 네트워크형 시스템으로서 ASP는 앞으로 더욱 주목받을 것이다.

히타치는 R/3와 같은 ERP 패키지인 오라클 애플리케이션의 ASP 제공 서비스를 2000년 2월에 개시했다. 현재도 ASP에 대해서는 여러 기업으로부터 문의가 있어 ASP 사업이 시작될 것으로 생각하고 있다.

ASP 이용의 장점으로는 운용 비용과 일손의 경감, 시스템 초기 도입 비용의 절감, 새로운 기술 적응이 용이함 등을 들 수 있다. 그러나 가장 큰 장점은 "기업의 정보 시스템에 필요한 다양한 분야에 대해 각각의 전문가 지식과 노하우를 이용할 수 있는 것"이라고 우시오 씨는 생각하고 있다.

"기업은 정보 시스템 자체를 원하는 것이 아니라 정보 시스템이 제공해주는 기능과 서비스를 원한다. 보다 나은 서비스를 효율적으로 제공해주는 곳이 있으면 그곳을 이용한다. 이러한 단순한 발상이 사실은 아주 중요하다."

2 미국의 ASP 사례

1. 수평적 서비스로 차별화 — 완넷의 사례

평범한 비즈니스 모델로 비즈니스를 시작할 경우, 이내 많은 추종자가 나타나 기업 체력에 의한 승부에 직면하게 된다. 따라서 특화된 비즈니스 모델로 승부하기 위해서는 특정 업종에 특화된 수직적(Vertical) 서비스를 제공할 필요가 있다.

이 단원에서는 인쇄업·그래픽 아트라는 특정 업계에 타깃을 맞춰 수직적 ASP 비즈니스로 급성장하고 있는 완넷(WAN！NET)사에 대해 소개하겠다.

그래픽 아트업계의 표준으로

완넷사(http://www.wannet.com)는 B2B의 디지털 데이터 매

니지먼트 서비스를 전 세계에 제공하고 있다. 이 기업은 대량의 디지털 데이터를 취급하는 인쇄, 출판, 방송, 영화 제작, 엔터테 인먼트, 광고 대리점, 소매 등의 업계에 특화되어 있는 것이 특 징이다.

디지털 파일 전송 서비스, 온라인 어카이브(archive : 영상을 기록한 필름이나 비디오테이프를 재생할 수 있는 상태로 하여 열람 또는 보존하는 일이나 설비) 서비스, 프로덕션 워크 플로 우 애플리케이션 등 네트워크 인프라 제공에서 데이터 관리 애 플리케이션 제공 등을 하고 있다. 특히 미국의 그래픽 아트업계 에서는 업계의 표준이 되었다.

완넷사는 1994년 미국의 미네소타 주에 설립하여 96년부터 서비스를 시작하였다. 4년 여 동안에 급속히 고객을 확보해 2000년 기준 전용선 서비스로는 약 1900개 사, 다이얼 업 인터 넷 서비스로는 약 6800개 사에 서비스를 제공하고 있다. 종업원 은 전 세계에 약 470명 정도이고, 일본에서는 2000년 1월에 스 미토모(住友)상사와 합병으로 일본완넷주식회사를 설립했다.

완넷은 포춘(Fortune) 500대 기업의 대부분을 고객으로 확보 하고 있다.

전에는 많은 인쇄물 데이터나 영화 데이터는, 그 자체가 디지 털이라 할지라도 데이터를 주고받는데 디스크 등의 물리적인 수단이 사용되었다.

완넷은 이처럼 대량으로 디지털 데이터를 주고받을 필요가 있는 기업이나 부서에 네트워크상에서 빠르고 확실하게 데이터 를 효율적으로 보내는 구조를 제공하고 있다.

일본완넷주식회사 사장 브리스토 씨는, "예를 들면 기업이 광고에 사용하는 인쇄물의 경우, 이전에는 인쇄업자에게 넘길 때 회사 안에나 사외에 그 업무를 총괄하는 담당자가 있었다. 그 관리자에게 드는 인건비와 커미션을 절감하고, 업무 프로세스 자체를 일원화하여 효율적으로 하고자 하는 것이 당사를 이용해주는 고객 기업의 요구다"라고 말한다.

실제로 미국의 한 대형 출판사는 완넷의 서비스를 이용함으로써, 35명이 종사하던 인쇄 데이터의 전송·관리 부문을 없애고 그들을 보다 부가가치가 높은 업무에 배치 전환했다.

"미국의 경우도 인쇄소는 각 지역에 산재되어 있는 소규모 기업이 많다. 그러한 지역에 밀착한 서비스를 제공하는 소규모 인쇄소를 이용하여 현지에서 인쇄할 수도 있다. 완넷의 시스템을 이용함으로써 집중 관리의 이점을 살리는 것과 동시에 최상의 서비스를 최적의 장소에서 받는다는 분산의 이점도 누릴 수 있다."

인쇄소의 경우도 인수받은 데이터 포맷의 변환과 조정 등의 작업을 경감할 수 있기 때문에, 보다 효율적으로 업무를 실행할 수 있어 서로에게 이점이 있는 것이다.

더욱 새로운 업종으로

최초에 타깃으로 한 그래픽 아트업계에서는 이미 업계의 표준이 된 업체이지만, 영상·영화 제작업계에도 적극적인 서비스 제공을 하고 있다.

최근 특수 영상을 만드는 기업을 대상으로 한 ASP 서비스 'ROD(Render on Demand)'를 개시했다.

이 서비스는 렌더링(Rendering : 물체의 모양을 그 형이나 위치, 광원 등의 외부 정보를 고려하면서 실감나는 화상을 표현하는 컴퓨터 도형의 기법)이라는 CG(Computer Graphic)나 3D 등의 특수 영상 처리 작업에 꼭 필요한 애플리케이션을 네트워크를 통해 시간 단위로 빌려주는 서비스다.

크리에이터는 작성하고 있는 시퀀스(sequence)에 렌더링이 필요할 때만 ROD를 이용한다. 그러면 자동적으로 렌더링 처리가 종료된 영상이 반송되어 크리에이터는 그대로 작업을 속행할 수 있다.

렌더링은 고도의 처리 능력을 지닌 CPU와 처리 시간을 필요로 하는 작업이지만, 이 ROD 서비스에 의해 처리 능력이 보다 높은 CPU를 이용할 수 있다.

또한 렌더링 처리를 위해 작업을 중단할 필요가 없기 때문에 작업의 효율화를 꾀할 수 있으며, 크리에이터는 본래의 창조적인 작업에 집중할 수 있다. 어떤 한 기업은 ROD 서비스를 이용해 18,000 시간이 필요한 작업을 45시간 만에 마칠 수 있었다고 한다.

브리스트 씨는 "기존에는 자본력이 풍부한 대기업 밖에 할 수 없었던 일도 이 ROD를 이용함으로써, 시스템에의 초기 투자 여력이 없는 소규모 제작회사도 가능하게 되었다. 영상 제작은 프로젝트형 산업으로 비용 계산이나 관리가 중요한 과제이지만, 그것도 용이하게 되어 보다 큰 프로젝트, 보다 많은 프로젝트를 실행할 수도 있다"고 말한다.

또한 이 ROD 프로젝트를 발주하는 기업에게도 효과가 크다. 소규모 제작사의 경우 일반적으로 지원 등의 서비스가 좋은 반면에, 대규모 제작사는 기술적인 능력에서 뛰어나다. 이처럼 양쪽의 장점만을 취해 그 이점을 누릴 수 있는 것이다.

완넷의 서비스가 주목을 받는 커다란 이유 중의 하나는, 갈수록 치열해지는 경쟁에서 살아남기 위해서 신속함이 요구되기 때문이다.

영화업계에서는 이 회사와 같은 테마로 다른 영화 프로젝트가 동시에 진행되는 경우도 많으며, 조금만 늦게 개봉하면 흥행에 실패하는 경우가 많다. 엔터테인먼트 산업은 스케줄이 늦어지기 쉽지만, 영화나 음반 산업의 경우 개봉 날짜와 발매 시기를 지키기 위한 경영 전략은 점점 치열해지고 있다.

또한 비즈니스의 세계화에도 큰 요인으로 작용한다. 세계 동시 발매나 동시 개봉이 늘어남에 따라 콘텐츠 이외에 선전 자료 등을 전 세계에 순식간에 발송할 필요가 높아지고 있다.

영화감독인 스티븐 스필버그가 지구상의 어디에 있든지, 스태프들은 감독의 승인을 받기 위해서 개봉 예정인 신작 영화의 선전 자료를 보낸다. 그는 완벽주의자로 모든 자료를 살펴보지 않으면 만족하지 못하는 사람이지만, 이 서비스를 이용해 실물을 거의 실시간으로 확인할 수 있다.

또한 불법 복사나 해적판 대책과 같은 보안 대책이 확실하다는 점도 이 회사의 네트워크 서비스를 이용하는 큰 이유의 하나다. 신작 영화와 CD가 개봉·발매되기 전에 해적판이 소비자에게 유통되는 것이 결코 적은 일은 아니기 때문이다.

수직적 시장에서 살아남기 위해서

'B2B의 종량제 서비스를 네트워크상에서 제공한다'는 것이

본래의 기업 설립 목적이었으므로, ASP는 완넷사의 기업 이념 그 자체다.

사용량에 따라 요금을 징수한다는 ASP의 생각은 EDS 등의 아웃소싱과 같은 개념으로 결코 새로운 것이 아니라고 생각한다. 거기에서 이 회사는 특정 업종에 특화한 수직적 서비스 제공을 한다는 선택을 했다.

"기업 활동을 생각했을 때 80% 정도가 업종에 관계없이 공통된 부분이 있고, 나머지 20% 정도가 업종에 특화한 부분이 있다. 모든 기업에 공통된 부분의 표준적인 기능에 관한 서비스 제공에서는 역시 통신 회사를 이길 수 없다. 다만 나머지 20%에 대해서 수요는 있었지만 서비스를 제공하는 기업이 없었다. 완넷사는 그 틈새 시장을 공략한 서비스를 제공한 것뿐이다."

처음에 그래픽 아트업계를 선택한 것은 설립자가 그 업계의 백그라운드를 갖고 있었다는 점도 있었고, 대량의 데이터를 취급하여 송·수신 횟수가 많다는 비즈니스 조건을 갖추고 있다는 이유에서다.

앞으로 디지털 정보량은 급격하게 증가하여 많은 업종에서 디지털 데이터 매니지먼트 서비스가 유망한 비즈니스가 될 것이라고 예상하고 있다. 하지만 완넷사는 그러한 수평적(업종 횡단적)인 서비스 제공을 할 예정은 없다고 말한다.

완넷이 향후 참여를 검토하고 있는 분야는 의료 데이터 관리나 CAD 데이터 관리 등 현재의 비즈니스 모델의 연장선상에서 업종에 특화하여 차별화를 꾀하고 있다.

완넷의 성공에 영향을 받아 기업을 대상으로 하는 인쇄 서비스 업계에도 다양한 신생 기업이 참여하고 있다. 그러나 하나의

B2B 네트워크 서비스에서 살아남을 수 있는 기업은 많아야 두세 개 기업뿐이다. 따라서 이제부터는 경쟁력이 없는 기업의 도태가 시작될 것이다. 그러나 업종에 특화함으로써 해당 기업이 요구하는 것을 깊이 이해하고 있는 완넷사는 그 기업 중에 포함될 유력한 후보이다.

2. ASP 도입 프로젝트의 진행 방법
─ 제조기업 자회사 A사의 사례

ASP가 실제로 어떠한 프로세스를 거쳐 회사에 도입되는가, 미국의 딜로이트 컨설팅이 ASP를 도입한 기업의 예와 그 프로세스를 좇아 실무적인 면을 중심으로 소개한다. 딜로이트 컨설팅은 고객을 보호할 의무가 있기 때문에 여기서는 그 기업을 'A사'로 소개한다.

ASP 검토의 계기

A사는 미국 대형 제조업 기업의 100% 자회사로, 모기업의 고객에 대한 지원을 담당하고 있다. 고객 지원을 목적으로 설립된 비교적 새로운 기업이다. 미국에서는 고객 대응을 잘못하면 소송에 휘말리는 경우가 많기 때문에 신속하고도 적절한 대응을 지원하는 구조가 매우 중요시 되고 있다.

딜로이트 컨설팅은 A사에게 고객 지원 업무에 필요한 리포팅이나 검색 기능을 갖춘 데이터 웨어하우스 시스템의 설계에서 도입까지 하고, 그 시스템을 딜로이트 컨설팅 소유의 데이터 센

A사의 목적 및 고려 사항	ASP가 제공하는 해결책
새로운 IT 솔루션을 즉시 필요로 하고, 도입 기간을 획기적으로 단축하고자하는 생각이었다	ASP는 자사 개발과 비교할 때 단기간에 도입 가능하며, 빠르게 변하는 시장에 대응할 수 있는 여유를 가질 수 있다
웹 기반의 고객 데이터베이스 솔루션이 장기적으로 볼 때 장점이 많다는 것을 이해하고 있었지만, 사내에는 웹에 대한 충분한 전문 능력을 가진 IT 인재는 없었다	컨설팅 회사가 애플리케이션 개발, 도입, 호스팅, 운용의 모든 서비스를 함으로써 A사는 인터넷에 대한 전문 지식·노하우를 이용할 수 있었다
IT 부문 담당 사원은 5명 밖에 없었다. 때문에 새로운 데이터베이스 시스템 개발·관리가 가능한 인재는 사내에 없고, 또한 필요로 하는 기술도 가지고 있지 않다	ASP를 이용함으로써 애플리케이션 개발·운용에 대한 사외의 풍부한 IT 전문가를 이용할 수 있었다
데이터베이스 시스템은 서로 떨어진 5개 지역에서 500명의 사용자를 지원할 필요가 있었다	기업 WAN과 인터넷 경우로 웹 기반의 ASP 서비스가 접속됨으로써 사용자는 언제 어디서라도 필요한 데이터를 접속할 수 있게 되었다
신생 회사로의 의존도를 낮추기 위해 신생 회사의 IT 인프라를 이용하지 않아도 되는 방법을 강구해 왔다	ASP를 이용함으로써 A사는 신생 회사로의 의존도를 낮게 함은 물론 자사에서 인프라를 구입하는 경우보다 비용 절감이 가능하였다

터에 호스팅하여 헬프데스크 기능과 애플리케이션 관리를 ASP 서비스로 제공하고 있다.

　A사는 이 데이터 웨어하우스를 도입하기 전에는 모회사의 IT 인프라를 이용한 레거시(legacy) 시스템을 사용했었다. 그런데 이 시스템은 몇 가지 문제점이 있었다.

　그 레거시 시스템은 데이터 처리나 리포팅 기능이 충분하지 못해 관리자가 매우 고생했다. 때문에 경영자는 데이터에의 재빠른 접속과 처리, 분석이나 리포팅 수단을 갖춘 발전된 시스템을 개발·도입하려고 했다.

그런데 최신 시스템을 개발·도입하기 위해서는 기존의 5명의 IT 인력으로는 시간이 부족할 뿐 아니라 필요로 하는 기술도 보유하지 못했다. 또한 시스템의 막대한 초기 도입 비용을 지불하는 것에 대해서도 소극적이었으며, 도입에 걸리는 시간을 가능한 한 단축시키고 싶었다.

A사의 과제와 요구 사항을 이해한 딜로이트 컨설팅은 ASP 서비스를 이용할 것을 제안했다. 딜로이트 컨설팅은 이미 자사에서 개발한 데이터 웨어하우스 애플리케이션에 약간의 수정 보완만 하면, A사의 요구에 맞는 애플리케이션으로 이용할 수 있다고 생각했다.

그리고 딜로이트 컨설팅에는 그에 필요한 기술적인 기능을 갖춘 인재도 준비되어 있으며, 네트워크에 관해서도 허용량이 충분한 데이터 센터를 소유하고 있었다. 이것을 활용하면 시스템 초기 도입 비용의 절감을 원하는 A사의 요구에도 대응할 수 있다고 생각되었다.

데모로 ASP 효과를 입증

A사는 ASP 솔루션에 흥미를 가지고 있었다. 하지만 ASP는 새로운 개념의 서비스라 처음에는 약간 회의적이었다. A사에서는 이미 IT의 상당한 부분을 계약 사원에게 맡기고 있었기 때문에 아웃소싱 대한 저항감은 없었다. 그러나 새로운 기술을 이용하는 것에 대한 불안감은 컸다.

딜로이트 컨설팅은 A사에게 다양한 설명과 시제품 데모를 실시하였으며, A사의 IT 담당자도 ASP에 관한 공부를 하였다.

A사는 데이터 센터를 견학하고 네트워크와 서버의 인프라, 기타 설비 등을 직접 확인할 수 있었다. 다만, 아직 많은 기업이 채용하고 있는 것이 아닌 새로운 기술에 대한 불안감은 끝까지 지울 수 없었다.

최종적으로 A사가 ASP 이용의 필요성을 이해할 수 있었던 것은 딜로이트 컨설팅이 실시한 시제품(prototype)의 데모 스트레이션이었다. 딜로이트 컨설팅은 시제품을 ASP 환경에서 개발하여 A사의 기존 데이터 웨어하우스와 제휴시켜 리포트 작성의 데모를 하였다.

자사가 개발한 시스템일 경우 몇 개월이나 걸릴 거라고 생각한 리포트 작성 기능 개발을, 딜로이트 컨설팅의 비즈니스 IT 기술과 ASP 환경을 활용해 3주일 만에 실현시킨 것이다.

이것이 최후의 결정적 요인이 되어 A사는 ASP를 이용한 데이터 웨어하우스 시스템 도입을 결정한 것이다.

개발·도입의 수순

새로운 시스템을 가동시키기 위해서 <도표 3-2-2>에 나타나고 있는 것처럼 3단계로 프로젝트가 진행되었다.

자사가 개발할 경우 IT 인력의 채용과 교육하는데 시간과 비용을 투자해야 했지만, ASP 서비스를 활용함으로써 딜로이트 컨설팅의 기존 자원을 이용할 수 있었기 때문에 상당한 노력과 비용 절감을 실현했다.

데이터베이스 관리자, 프론트 앤드 애플리케이션 관리자, 고객 개발 담당자 세 명이, 그것도 20% 정도의 시간만을 할애해서 도입할 수 있었다.

서비스 수준에 대해서는 A사가 요구하는 다음의 서비스 수준을 만족시켰다. 애플리케이션은 365일, 1일 24시간 사용을 가능하게 하며, 헬프데스크는 주 5일, 1일 12시간 지원을 제공한다는 것이다.

ASP의 이용료는 월 고정 요금으로 한다. 대부분의 비용은 애플리케이션을 도입하여 사용자에게 트레이닝을 하고, 경영자에게 필요한 설명을 하는 등의 초기 비용이 대부분이었기 때문에 이용료는 단계적으로 낮춰졌다.

처음 6개월은 월 20만 달러였지만, 그 다음 2개월 후부터는 15만 달러, 그 이후에는 8만 2000 달러로 최초의 이용료에 비해 반액 이하의 이용료가 되었다.

A사는 통상적인 대규모 IT 시스템 개발·도입 프로젝트의 번거로움도 없이 최신 기술을 활용할 수 있어서 ASP의 효과를 실감하였다.

현재 A사는 백 오피스계 업무 시스템이나 다른 새로운 시스템에 대해서도 ASP 모델의 이용을 검토하고 있다.

ASP 시장은 2단계로 발전한다

1 시장 발전 요인과 발전 단계

1. E커머스와 아웃소싱의 발전이 시장을 지원한다

이 장에서는 ASP 시장이 앞으로 어떻게 발전해나갈 것인가에 대해 ASP 사업자 및 수많은 기업에게 실시한 인터뷰 결과를 토대로 고찰하기로 한다.

우선 시장이 발전하게 된 내용에 들어가기 전에 기업을 대상으로 하는 ASP 시장이 성장하는 배경에 대해서 살펴보자.

ASP 시장의 출현에는 다음의 5가지 요인이 크게 영향을 미친다.

① E커머스의 급성장 :
    조달 네트워크화로의 전환을 밝히는 기업이 매일 신문 지

상에 보도되고 있는 것처럼, 전자상거래로의 대응이 기업의 핵심 사업 중의 하나가 되고 있다. 그러나 네트워크 기술의 발전이 매우 빠르게 진행되기 때문에 자사의 정보 시스템에 새로운 기능을 추가하는 개발 기술자나 운용 기술자가 모두 부족한 현상이다.

따라서 E커머스를 시행하기 위한 시스템의 '신속한 도입'과 '기술자 부족 해결'이라는 두 가지 큰 문제를 해결하는 수단으로 ASP가 모든 기업에 채택될 가능성이 높다.

② 아웃소싱의 일반화 :

자사의 핵심 분야에 자원을 집중시켜 나가지 않으면 글로벌화 되고 있는 냉엄한 시장 경쟁 속에서 살아남을 수 없다는 것은 자명한 사실이다.

미쓰이(三井)물산, 미쓰비시(三菱)상사, 스미토모(住友)상사 등 일본을 대표하는 상사들이 간접 부문(경리·인사·총무 등)의 업무를 공통화 하는 공유 서비스 도입을 결정하는 시대가 되었다. 일본에서도 '핵심 업무 이외의 비핵심 업무는 모두 아웃소싱을 검토한다'는 것이 최고경영자에게 일반적인 선택 안이 되고 있다.

③ 기업 인프라로서 인터넷 활용의 일반화 :

인터넷 활용에 필요한 비용은 유럽에 비해 일본은 상대적으로 비싸다. 그러나 전용선을 설치하여 기업간 통신 네트워크를 구축하는 비용에 비하면 훨씬 저렴하다. 게다가 앞으로 통신 요금의 정액제가 실시되면 인터넷 활용에 필요한 비용

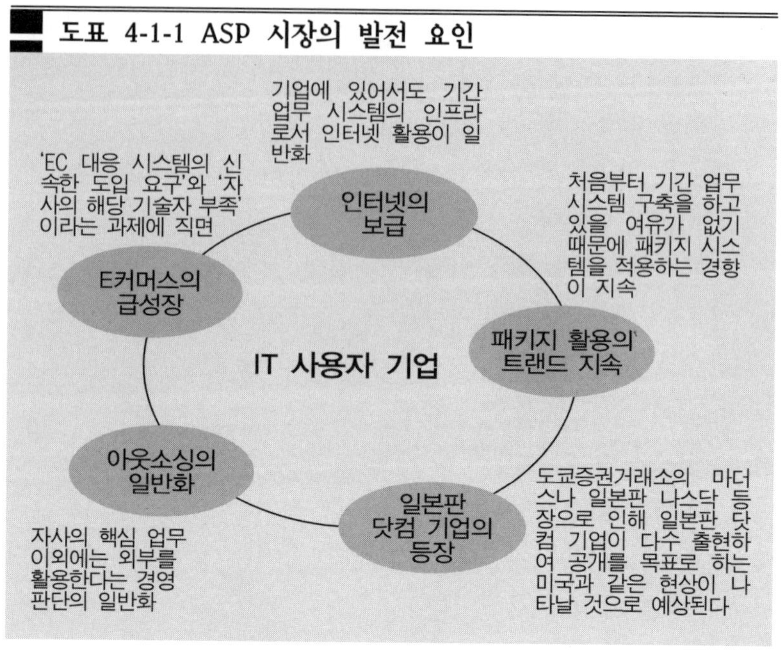

이 한층 내려갈 것이 확실하다.

또한 기업이 정보 시스템의 인프라로 활용할 경우에 요구할 신뢰성(보안, 가용성 등)에 대한 보안 기술(암호화, 인증 등)의 발전과 통신 사업자의 통신 용량 확보를 위한 적극적인 설비 투자에 따라 매우 높은 수준에 도달해 있다.

④ 계속되는 패키지 시스템 도입 경향:

1990년대 후반에 시작된 ERP 시장은 2000년 직전에 일시 성장 속도가 둔화되었지만, 다시 성장 속도가 빨라지고 있다.

기업의 정보 시스템 전략을 검토하고 있는 담당자들의 의

견을 종합해보면, '주문제 시스템을 처음부터 개발할 경우, 개발 기간이나 비용이 너무 많이 든다. 핵심 업무 이외의 정보 시스템에는 모두 패키지 시스템 적용을 적극적으로 검토하고 있다'는 의견이 매우 많을 뿐 아니라, 기간 업무에 패키지 시스템을 적용하겠다는 경향이 매우 강하다.

⑤ 일본판 닷컴 기업의 등장 :

도쿄증권거래소의 마더스(Mothers)나 일본판 나스닥의 설립 등 일본에서도 미국의 닷컴 기업과 같은 기업들이 등장하는 환경이 갖추어지고 있다. 주로 e비즈니스를 지향하고 있는 이들 기업은, 신속한 비즈니스의 시작에서 단기간의 주식 공개까지를 염두에 두고 있다. 이들 기업은 주식 공개를 위해 회계를 중심으로 한 사내의 시스템 구축에 의욕적이며, 그러한 시스템을 단기간에 도입할 것을 원하고 있다. 그러나 사내에 기술자가 없다는 문제를 안고 있다는 점에서도 ASP 도입의 조건이 갖추어져 있다고 할 수 있다. 실제로 딜로이트 컨설팅에도 신생 ISP 회사 등으로부터 ASP를 도입하고자 하는 컨설팅 의뢰가 많이 들어오고 있다.

2. 단체 ASP에서 통합 ASP로

앞에서 언급한 바와 같은 요인을 배경으로, 시장에서는 ERP나 이메일 등 ASP 서비스가 현재 이용되고 있다. 그렇다면 앞으로 ASP 시장은 어떻게 발전해나갈 것인가.

딜로이트 컨설팅은 ASP 시장의 향후 예측을 위해 많은 기업을 방문, '기업의 업무 프로세스와 지원 시스템이 어떻게 변화해 갈 것인가'에 대해 인터뷰를 하면서 고찰을 더해왔다.

그 결과 ASP 시장은 기업의 업무 프로세스의 변화 및 IT 발전에 따라 크게 두 가지 단계(이것을 제1기, 제2기라 부른다)로 발전해 갈 것으로 보인다.

제1기는 이미 활성화되고 있는 시장에서 각 기업이 자사 내의 업무 프로세스를 지원하는 구조로서, 비교적 단체(ERP, 이메일 등)로 ASP를 활용하는 단계다. 이것을 '단체 ASP 시장'이라 부르기로 한다.

단체에서 시작하는 이유는 기업이 ASP를 검토한 후에, 아직 효과나 신뢰성 등에 확신을 가질 수 없기 때문에 업무상 위험(=ASP 채용시 위험)이 적은 곳, 즉 기간 업무에의 영향이 적은 곳에서 시험적으로 활용하는 경향을 볼 수 있기 때문이다.

다음으로 ASP의 실효성이 확인되고, 또 EAI(전사적애플리케이션통합. 서로 다른 목적을 위해 설치, 운영해온 다른 기종의 정보 시스템을 비즈니스 프로세스 차원에서 하나로 통합하는 것. Eeterprise Application Integration) 등의 시스템 통합 기술이 발전함에 따라 기업 내 또는 기업간 업무 프로세스 통합(또는 제휴)에 드는 ASP 활용 형태가 일반화될 것으로 예상된다. 이것이 제2기 ASP로 '통합 ASP 시장'이라고 부르기로 한다.

이 활용 형태에는 ASP 사업자 측에서 사전에 ERP(구매·생산·재고·물류·판매·회계·인사 관리), SCM(수요 예측·재고 최적화 등), CRM(영업 지원·애프터 세일즈 관리 등) 각각의 패키지 시스템을 통합한 템플릿을 준비해두고 그것을 일괄

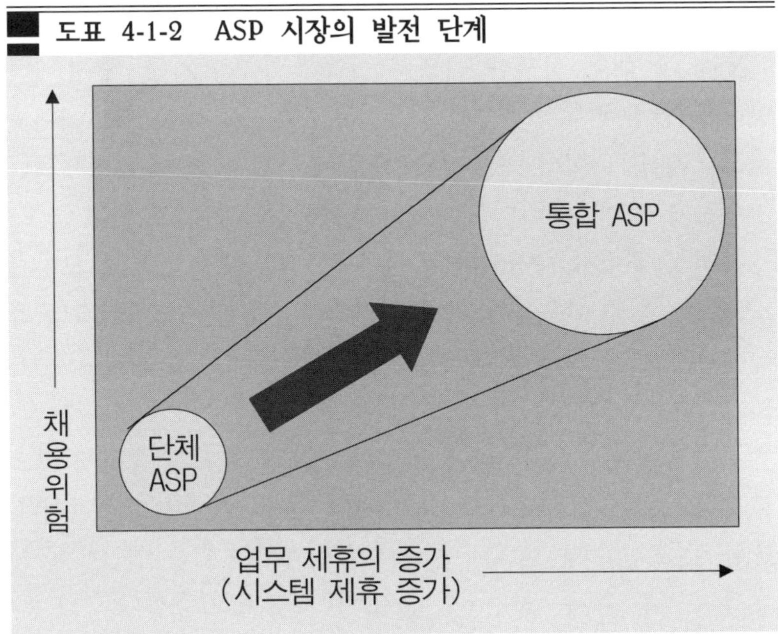

적으로 빌려서 이용하는 것도 해당한다.

또 하나 고려해야 할 사항은 지금 전자상거래 세계에서 시작되고 있는 XML(차세대인터넷 확장성 표기언어 : eXtensible Markup Language)을 활용하려는 추세다.

어느 저명한 소비자 비즈니스 컨설턴트는 XML에 대해 다음과 같이 말하고 있다.

"XML에서 알아두어야 할 것은 XML을 사용하면 자사 제품의 상품 종류, 특징, 가격 등 사람과 컴퓨터가 알 필요가 있는 정보 모두를 나타내는 것이다. XML은 급속하게 전자상거래의 공용어가 되고 있다. 전송되는 모든 전자 정보는 2년 이내에

XML로 기술될 것이다."(Seybold, 1998)

XML에 대한 상세한 내용은 언급하지 않겠지만, XML이나 앞으로 발전해나갈 기술을 이용함으로써 시스템의 하드웨어와 소프트웨어, 데이터 구조의 차이에 상관없이 어느 기업에서나 자유롭게 거래(=데이터 교환)를 할 수 있게 된다.

이미 금융이나 유통업계 등에서 업계의 공통 정보를 모아서 XML의 '탭'을 이용하여 정의함으로써 자유로운 데이터 교환을 실현한다는, 산업의 거래 구조를 혁신시키려는 움직임이 시작되고 있다.

이러한 교환 기능은 많은 기업이 빈도수 높게 접속하게 되므로, 네트워크 측(네트워크 사업자)에 넘기는 것이 효율적이다. 또한 이 교환 기능 이외에도 네트워크 측에서 많은 기업에게 공통적인 기능(과세·청구·인증 등)을 제공할 가능성도 높다. 즉 네트워크에 교환 및 공통적 기능이 포함(=bundling)되어 제공되는 형태로, 또 하나의 '통합 ASP' 형태로 보급되어 갈 것이다.

기업의 경영자는 ASP 시장이 이 두 가지 방법(제1기, 제2기)로 발전해나갈 것을 염두에 두고, 자사의 업무 프로세스 개혁을 한 후에 어떻게 ASP를 활용해나갈 것인가 하는 장기적인 정보 시스템 전략을 책정할 필요가 있다.

다음 항에서는 이 두 가지 방법에 대한 상세한 내용을 논하기로 한다.

2 제1기(단체 ASP) 시장

1. 제1기(단체 ASP) 시장은 2004년에 3000억 엔으로

이 단계는 <도표 4-2-1>에 나타나는 것처럼 기업의 업무에 대해 ERP, CRM, E커머스 사이트, 이메일 등의 기능을 비교적 단체로 제공하는 형태다.

다음은 미국 딜로이트 컨설팅의 시장 예측 방법을 참고로, 기업의 애플리케이션 이용 특성에서 다음의 네 가지로 시장을 분류하여 2004년까지의 시장 규모 추이를 예측하였다.

① 맞춤 생산 시장:

ERP, CRM 등의 기간 업무 패키지 소프트웨어를 고객 기업별로 어느 정도 맞춤 생산(ERP의 Add-on 포함)을 하여

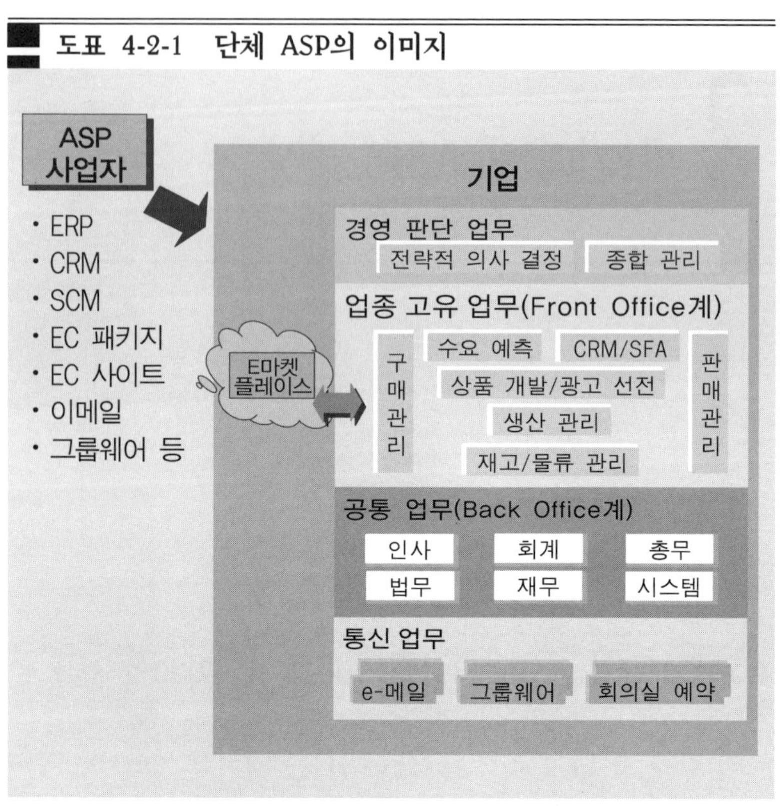

도입하는 패턴이다. 주로 중견 규모 이상의 기업을 대상으로
한다.

② 스탠더드 시장 :

ERP, CRM 등의 기간 업무 패키지 소프트웨어를 사전에
설정해두고 거의 그대로 도입하는 패턴이다. 주로 중견 이하
의 기업을 대상으로 한다.

③ E커머스 시장:

사이트를 보유하는 기업이 타 기업에게 사이트의 기능을 빌려주고 이용료를 징수하는 형태 또는 개별 기업을 상대로 사이트를 구축·운용 서비스를 제공하는 형태이다.

④ 커뮤니케이션/공동 개발 시장:

이메일, 그룹웨어 등 주로 사원 간의 커뮤니케이션에 이용되는 기능이다.

이 결과 ASP 시장은 2002년 후반부터 크게 확대되어 2004년에는 3000억 엔이 넘는 시장이 형성될 것으로 예상된다. 특히 스탠더드 시장과 E커머스 시장이 큰 규모를 차지할 것으로 추정된다. 그러나 이 성장의 열쇠는 중소기업 이하의 기업이 가지고 있다고 생각한다.

또한 시장이 성립되는 시기를 좌우하는 중요한 요인은, 미국에 버금가는 인터넷 통신 요금의 환경 정비(저렴한 정액제 요금)가 중요하다고 생각되며, 그 시기는 바로 일본의 인터넷 이용 환경(특히 요금)이 미국과 비슷해지는 시기라는 전제를 하고 있다.

최근 미국으로부터 통신 접속료 요금 인하 압력이 강해지고 있으며, 이 흐름에 따라서는 예측한 전제보다 훨씬 빠르게 인터넷의 저렴한 고정 이용이 일반화될 가능성도 있다.

당 시장의 패키지 예로는 도표 <4-2-3>과 같은 것을 들 수 있다. 또한 이번 시장 규모의 산정 범위는 다음과 같이 규정하고 있다.

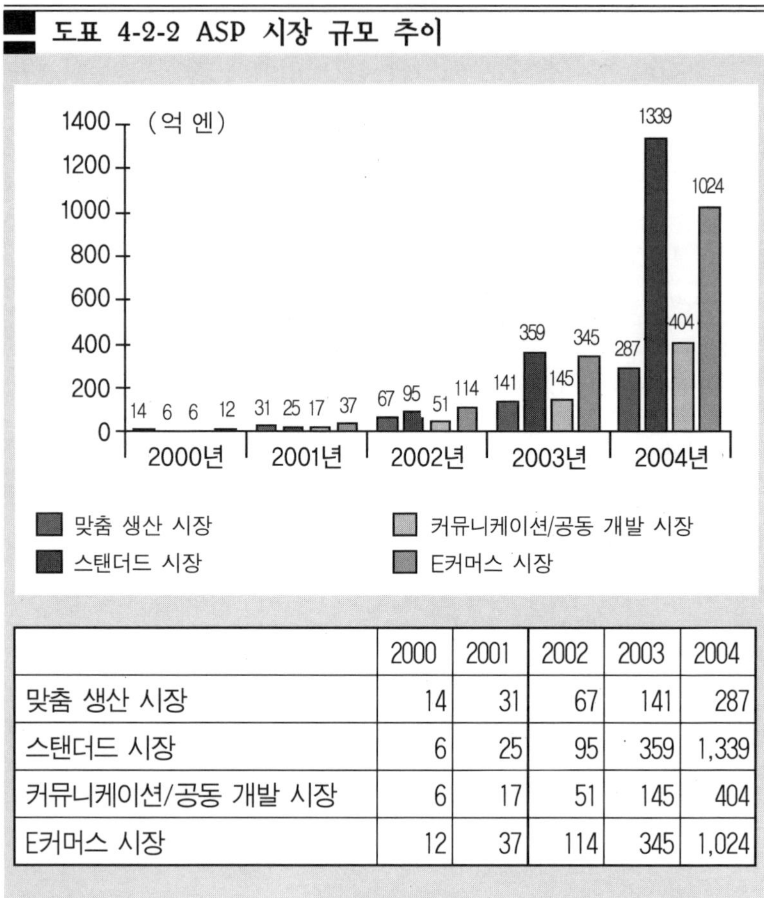

	2000	2001	2002	2003	2004
맞춤 생산 시장	14	31	67	141	287
스탠더드 시장	6	25	95	359	1,339
커뮤니케이션/공동 개발 시장	6	17	51	145	404
E커머스 시장	12	37	114	345	1,024

① 애플리케이션 제공에 의해 이용 대가를 받는 서비스에 한정
한다. 따라서 단순한 호스팅(애플리케이션은 고객 기업의 소
유) 형태는 예외이다.

② 시장 규모는 어디까지나 '이용 기업이 ASP 사업자에게 지불

시장 분류			패키지 예
맞춤 생산 시장/스탠더드 시장			
	ERP		
		인사	SAP, 오라클, 밴, JD에드워드, SSJ
		관리 회계	SAP, 오라클, 밴, JD에드워드, SSJ
		재무 회계	SAP, 오라클, 밴, JD에드워드, SSJ
		판매·구매·물류·재고	SAP, 오라클, 밴, JD에드워드, SSJ
		생산 관리	SAP, 오라클, 밴, JD에드워드, SSJ
		의사 결정 지원	SAP, 오라클, 밴, JD에드워드, SSJ
	CRM		
		SFA	Epiphany, Veribind, Personify, dataSage
		고객 대응 지원(A/S등)	Epiphany, Veribind, Personify, dataSage
	SCM		
		수요·재고 예측	i2, Manugistics
E커머스 시장			
		E조달	Ariba, CommerceOne
		E카탈로그	Cardoet,OnDispiay, Vignette, Poet Software
커뮤니케이션/공동 개발 시장			
	문서 관리 시장		Lotus Notes
	이메일, 스케쥴링 소프트웨어		
		이메일	
		캘린더/스케쥴링	MS-outlook
		그룹웨어	eRoom, Lotus Notes
	데스크톱 소프트웨어 관련		
		사무실용 소프트웨어	MS-Office, Wordperfect
		CAD/CAM	
		그래픽스	

하는 이용료의 규모'에 한정한다. 따라서 ASP 서비스 제공을 위한 관련 투자(ASP 서비스를 제공하는 기업 측의 하드웨어 구입·개발·데이터 센터 설비 구축 등)는 고려하지 않는다.

③ 후반의 시장 규모에는 통합 ASP 시장의 일부도 들어 있다.

이하, 네 개의 시장별로 그 개요를 서술하기로 한다.

2. 개별 맞춤 생산 도입의 확실한 수요

맞춤 생산 시장에 대해서는, 도입 대상이 대부분 중소기업 이상의 기업으로 생각할 수 있다. 하지만 이 기업 그룹에서도 정보 시스템부의 핵심 업무(기획)로의 집중이 요구되며, ERP·CRM 등의 새로운 기술, 플랫폼의 IT 기술자(운용면)가 사내에 부족하다는 이유로 ASP 시장의 수요가 있다고 예상된다.

ASP 시장의 수요는 이미 미국 시장에서 입증되었다. 딜로이트 컨설팅에서는 장거리 통신 사업자인 미국의 Sprint사와 제휴하여 ERP, CRM, E커머스 등 여러 방면에 걸친 서비스 제공을 시작했다. 그런데 이 서비스 책임자이며 ASP의 미국 내 오피니언 리더의 한 사람인 존 도노반 씨에 의하면, "ASP 서비스를 시작해보니 중소기업 이상 규모의 기업에서 예상 외로 문의가 많아서 놀랐다"는 것이다.

미국에서도 초기에는 ASP 시장 확대의 주역은 어디까지나 중소기업이라고 생각했다. 하지만 막상 서비스를 시작해보니 중소기업 이상 규모의 기업에서도 수요가 많았다. 이러한 현상은 한국이나 일본에도 그대로 적용될 가능성이 크다.

이 형태로는 히타치제작소의 SAP R/3 제공 서비스(기간 업무 전반), NTT커뮤니케이션스의 NAS 서비스 SAP R/3, JD에

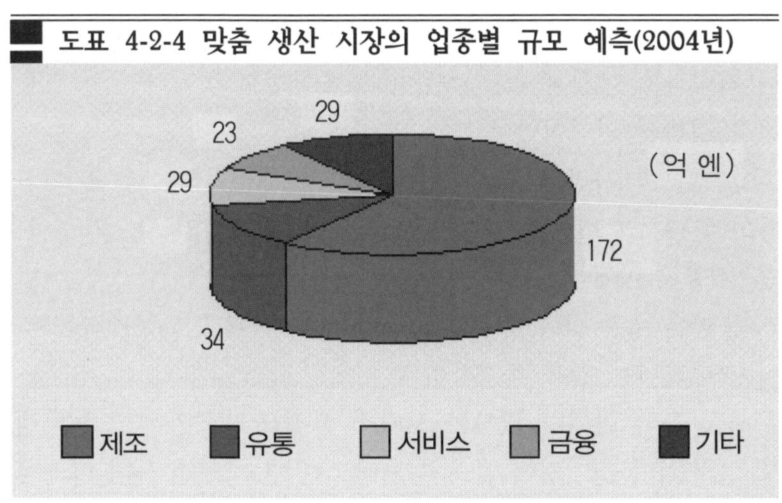

드워드 등 후지츠시스템솔루션스사의 GLOVIA-C 제공 서비스
(회계 중심), 다이이치생명시스템사의 SAP R/3 제공 서비스 등
이 해당된다.

또한 2004년의 업종별 시장 규모는 <도표 4-2-4>와 같이 분
포한다고 예상된다. 이 시장에 대해서는 기업 측의 기존 시스템
과의 인터페이스가 필수적이므로, EAI 패키지 등 충실한 인터
페이스 개발 도구가 시장을 촉진시키는 열쇠라 할 수 있다.

3. 단체 ASP의 주류 — 패키지 표준 도입의 급성장

ASP 시장의 주요 대상은 중소기업으로 생각할 수 있으며, 다
수의 기업을 인터뷰한 결과 얻은 결론 역시 가장 큰 잠재적인

성장성을 갖고 있는 시장이다. 그 어떤 기업에게 물어봐도 비용이 저렴하고, 기능과 품질 수준이 만족할만한 것이라면 꼭 활용하고 싶다는 의견이었다.

그러나 이 시장이 처음부터 폭발적으로 성장하는 것은 어렵다고 본다. 그 이유는 사용자 기업 측의 잠재적인 수요가 크지만, 제공자(ASP 사업자) 측에서 사용자가 바라는 금액과 서비스 품질을 모두 만족시킬 수 있는 비즈니스 모델을 구축하는 것이 곤란하다는 점을 들 수 있다.

예를 들어 기업이 원하는 서비스 품질을 만족시켜주었다 해도, ASP가 중소기업에 알려지지 않으면 광고 선전 등의 마케팅 비용과 영업 비용이 늘어나기 때문이다. 이 때문에 수익성을 예상하고 있으면서도 대규모로 고객을 끌어들일 수 있는 비즈니스 모델을 구축하는 것이 어려운 상황이 되었다.

이는 미국에서도 마찬가지다. 도노반 씨는 "중소기업을 대상으로 하면서도 동시에 고객 유치에 성공한 비즈니스 모델은 아직 나오지 않았다"는 것이 미국의 현 상황이라고 말하고 있다.

다만 ASP가 중소기업에 널리 알려지게 되고, 통신 요금을 포함한 정액 요금제의 ASP 비즈니스 모델이 보급됨에 따라 ASP 시장은 크게 성장할 것으로 예상된다.

일본에서는 NTT커뮤니케이션스가 통신 요금을 포함한 ERP 등을 아웃소싱으로 제공하는 서비스(NAS 서비스)를 이미 시작했다. 이러한 ASP 사업자가 다수 출현하게 되면 중소기업에도 널리 알려지게 될 것이다.

또한 대기업이 관련 기업의 백 오피스 업무(경리·인사·총무 등)를 한 곳에 집중시켜, 핵심 업무에 자원 배분을 꾀하는

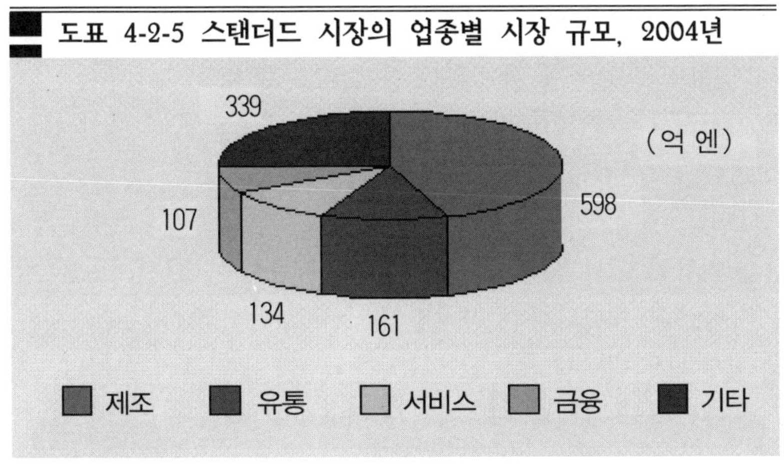

'공유 서비스'가 시작되고 있다. 이때 공유 서비스의 시스템 플랫폼으로 ASP가 채용될 가능성도 높다고 생각된다.

이 형태로서는 NEC정보서비스사의 회계·인사·급여 계산 시스템 제공 서비스(NEIS-ASP), 히타치제작소·NTT커뮤니케이션스사의 템플릿을 이용한 SAP R/3 제공 서비스, 애니원사의 수발주 관리·재고 관리 제공 서비스 등이 해당된다. 또한 2004년의 업종별 시장은 도표 <4-2-5>와 같이 분포할 것으로 예상된다.

4. e비즈니스 기반으로서의 ASP 채용의 보급

지금 전 세계는 'e비즈니스 전성기'이다. 기업간 거래에서도 마츠시타(松下)전기산업과 소니를 비롯하여 일본을 대표하는 대기업도 네트워크 판매로의 진출을 표명하고 있으며, 각 기업의 네트워크를 통한 판매 대응이 빨라지고 있다.

여기서 각 기업이 e비즈니스 기반으로서 ASP를 활용할 가능성이 높은 이유는 다음과 같다고 생각한다.

- 네트워크 대응에는 신속함이 요구되며, 사내 시스템을 처음부터 개발한다면 타이밍이 맞지 않는다.
- 사내에 네트워크를 잘 아는 기술자가 충분하지 못하다.
- 네트워크 거래의 대응에서는 범용성이 높은 구조일수록 거래처가 확대될 가능성이 있으므로, 자사 시스템보다는 표준 시스템을 추구한다.

실제의 활용 형태로는 다음의 두 가지가 있다.

① ASP 사업자가 각 기업별로 e비즈니스용의 애플리케이션 (커머스원, Ariba 등)을 구축·운용하는 형태 :
    이 형태로는 이토추(伊藤忠)테크노사이언스사의 E커머스 사이트 운영 서비스, CSK네트워크시스템스사의 E커머스 운영 서비스, 후지츠비즈니스시스템스사의 E커머스 사이트 운영 서비스 등이 해당된다.

② ASP 사업자가 판매·조달 등의 e마켓 플레이스를 운영하고, 기업은 e마켓 플레이스에 참여하여 이용료를 지불하는(예 : 거래액의 ○○% 등) 형태 :
    이 형태로는 NTT커뮤니케이션스사가 서비스를 예정하고

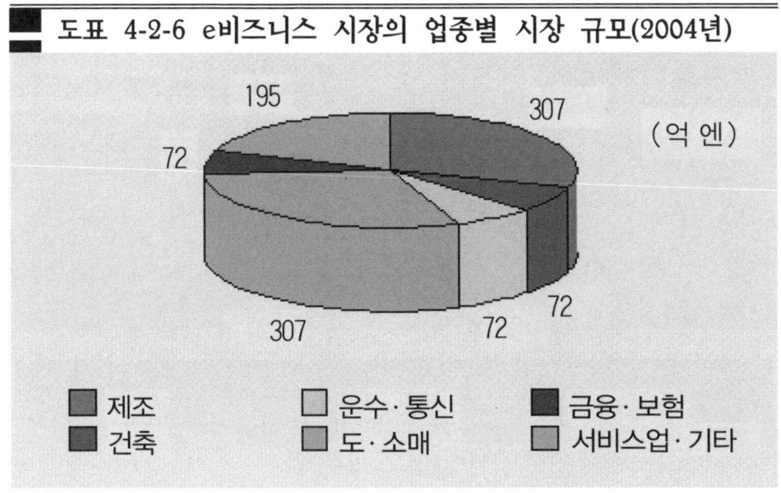

있는 MRO(문구, 사무용품 등의 직접 생산재가 아닌 것)의 조달 마켓 플레이스, SAP사의 mySAP.com의 마켓 플레이스 등이 해당된다.

이 시장의 경우 처음에는 기업의 입장에서 중요도가 낮은 업무부터 거래에 활용되기 시작될 것이다. 그리고 시스템의 신뢰성이 인정받음에 따라 규모의 이익을 기대하여 점차 중요도가 높은 거래의 활용으로 변화해 갈 것으로 예상된다. 예를 들면 조달의 경우 MRO의 조달에서 시작하여 점차로 직접 생산재의 조달로 확대해 간다는 변화다.

또한 물류가 관련되지 않는 거래(예 : 금융)의 시스템 보급 속도도 빠를 것으로 예상된다.

그리고 2004년 E커머스 시장의 업종별 시장 규모는 <도표 4-2-6>과 같이 분포할 것으로 예상된다.

5. 커뮤니케이션 인프라 운용 부담의 해결 수단

ASP 시장의 애플리케이션은 이메일과 그룹웨어 등이다. 하지만 서비스 이용료가 다른 커뮤니케이션에 비해 저렴하므로, 시장 규모는 스탠더드 시장이나 E커머스 시장에 비하면 크지 않을 것으로 예상하고 있다.

그러나 처음 시작할 때 이 서비스를 도입하는 기업 수의 신장만으로 본다면 매우 큰 시장으로, ASP 시장 전체의 기폭제가 될 수 있는 애플리케이션이라고 생각된다. 그것은 다음과 같은 이유에 근거하는 것이다.

① ASP 애플리케이션은 기업의 입장에서 보면 핵심 업무가 아니기 때문에, 운용 비용은 다른 애플리케이션에 비해 최대한 줄이고 싶다.

② 이 카테고리에 들어가는 이메일 등의 애플리케이션은, 처음에는 일부 신상품을 선호하는 사용자 이용에서 차츰 모든 사원이 활용하는 형태로 변화해간다. 이렇게 되면 사원이 업무상의 중요한 정보 교환을 시작하여 커뮤니케이션의 인프라로서 24시간 언제라도 정확하게 가동될 것이 요구된다.

즉 처음에는 가끔 시스템이 멈춰도 관대하게 받아주었지만, 어느 정도 시간이 지난 뒤에는 조금이라도 멈추면 '일을 할 수 없다'며 사용자로부터 불만이 나오게 된다. 현재는 기업 활동이 글로벌화 되어 한밤중에도 이메일을 주고받기 때문에 24시간 가동은 더욱 필수가 되고 있다.

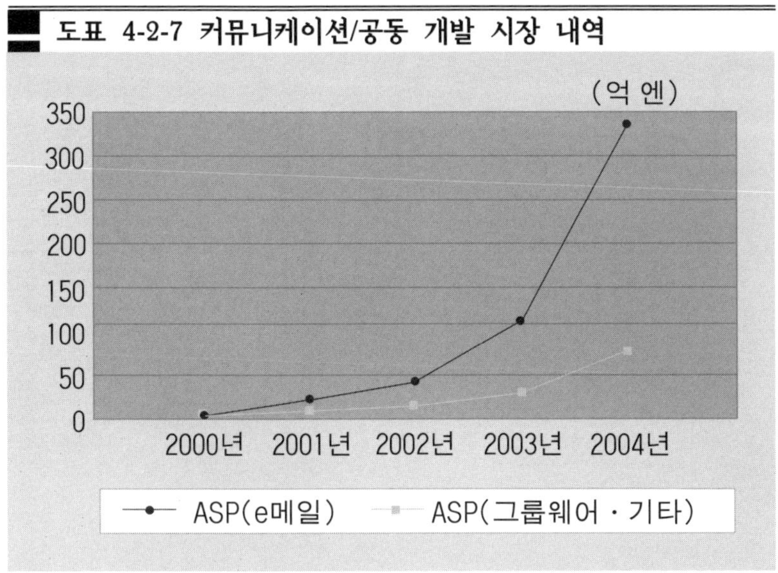

③ 이 때문에 24시간 가동을 보증해주며, 또한 자사에서 직접 운용할 때보다 저렴한 비용의 애플리케이션 운용업자에의 아웃소싱 활용으로 움직이기 시작한다.

실제로 인터뷰한 기업 중에서 비교적 자사에서의 시스템화를 고집하는 기업에서도 이메일만은 빨리 외부에 위탁해 운용하고 싶다는 의견이 아주 많았다.

또한 이 시장의 애플리케이션을 이메일과 그 이외(그룹웨어 등)로 나누어 신장 추이를 예측한 것이 도표 <4-2-7>이다.

3 제2기(통합 ASP) 시장

1. 통합 ASP는 기업 내와 기업간에서 발전한다

단체 ASP 시장이 어느 정도 일반 기업에 보급되면, 그 다음에는 기업 내 업무 통합에의 ASP 활용, 기업간 업무 통합에의 ASP 활용이라는 두 가지 형태로 발전할 것으로 예상된다.

기업 내 업무 통합에의 ASP 활용은 단체 ASP 활용에 의해 ASP의 효과와 신뢰성이 인정받음에 따라 적용 범위를 확대하는 것으로 발전하는 형태다.

이것은 앞에서 언급한 것처럼, ASP 사업자 측에서 ERP(구매·생산·재고·물류·판매·회계·인사 관리), SCM(수요 예측·재고 최적화 등), CRM(영업 지원·애프터 세일즈 관리 등) 등 각각의 패키지 시스템을 업종이나 업무에 맞춰 설정한 템플

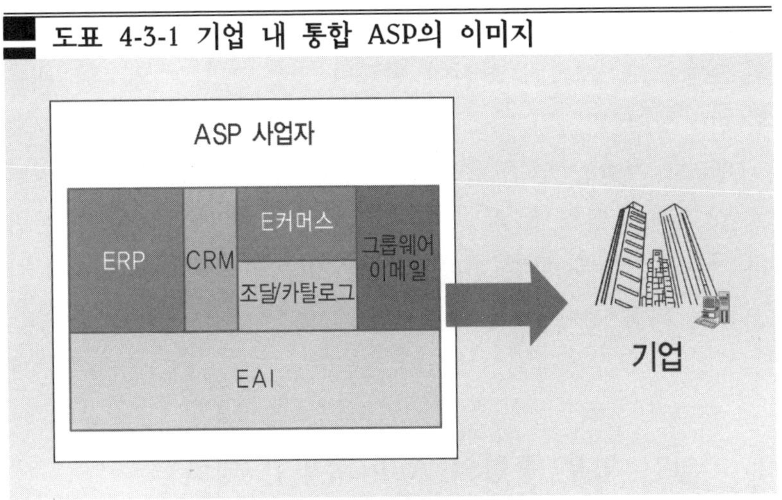

릿을 준비해두고, 그것을 통합 시스템으로 제공하는 서비스다.

또 그때에는 각 시스템간의 인터페이스를 간단하게 사용할 수 있는 도구로서 문자 코드 변환, 계정 과목 코드 변환, 상품 코드 변환 등의 각종 데이터 변환 기능을 갖춘 액티브 소프트웨어 등의 EAI 소프트웨어도 하나로 하여 제공하는 것이 가장 일반화 될 것이다.

이를테면, 미국의 최대 ASP 사업자인 코리오(corio)사 등 이 서비스를 어느 정도 실현하고 있는 사업자도 나타나고 있다.

다음은 기업간 업무 통합에의 ASP 활용 형태인데, 이것은 기업의 업무 프로세스가 앞으로 어떻게 변화해 갈 것인가를 고찰하는 것으로 어느 정도는 예측이 가능하다.

기업은 시장 경쟁에서 살아남기 위해 항상 업무 프로세스의 혁신을 계속하고 있다. 혁신의 목적은 비용 절감이나 리드 타임

(lead time, 어떤 상품의 발주에서 납품 완료까지의 소요 시간)
의 단축으로, 계속적 혁신이 필요한 것은 기업의 외부와 내부
환경이 항상 변화기 때문이다.

　따라서 기업간 업무 통합에의 ASP 활용이라는 유망한 영역
을 선도하기 위해서 '외부 환경 변화에 의한 기업간 업무 통합
의 가능성', '내부 환경 변화에 의한 기업간 업무 통합으로의 가
능성'을 다음 항에서 살펴본다.

2. 기업간 업무 통합의 ASP 유망한 영역

　우선 외부 환경 변화가 기업간 업무 통합에 미치는 영향에 대
해서 알아보자. 여기서는 제1장에서 서술한 일본이 직면하고 있
는 여덟 가지의 큰 과제 중에서 기업 활동에 관계가 깊은 다음
의 세 가지 외부 환경 요소가 기업간 업무에 미치는 영향에 대
해서 살펴본다.

① 글로벌 스탠더드 경영 :
　기업 활동의 글로벌화가 진행되는 속에 국제 회계 기준 대
응, 현금 흐름(cash flow) 경영, 지주회사 경영 등 다양한 경
영 수법의 혁신이 요구되고 있다.
　특히 그룹 기업 전체에서 경영의 속도와 효율을 어떻게 향
상시켜 갈 것인가가 중요한 테마이므로, 그룹 기업 전체에서
정보와 자원의 공용화를 도모하는 업무 통합이 진전될 것으
로 예상된다.

② **업계의 재편 :**

 통신, 금융, 제약 등 다양한 업계에서 규제 완화가 진행되어 각각의 업계에서는 기업 인수·합병(M&A)을 비롯한 외국 자본과 다른 업종에의 진출이 시작되고 있다. 이 경우 편의점과 소니의 금융업 진출에서 볼 수 있는 것처럼 다른 업종간의 업무·정보 통합이 필요해진다. 또한 인수·합병 기업간에서는 업무 통합이나 시스템 통합도 필수가 되고 있다.

③ **환경 문제 :**

 산업 폐기물을 줄여서 '폐기물이 없는 사회'를 어떻게 만들 것인가가 중요한 사회 문제가 되고 있다. 이 문제를 해결하기 위해서는 폐기물을 완전하게 리사이클하는 순환 사회를 실현할 필요가 있다. 이를 위해서는 다수의 기업이 폐기물 정보를 공유화할 것이 요구된다.

 다음은 내부 환경 변화가 기업간 업무 통합에 미치는 영향에 대해 알아보자. 여기서는 경영 관리 수법의 진전이 기업간 업무에 미치는 영향을 살펴보기로 한다.

 경영 관리 수법은 외부 환경 변화에의 대응으로서, 자신의 발전 결과로서 끊임없이 변화를 계속하고 있다. 기업간 업무에의 커다란 영향을 주는 경영 관리 수법 변화로서는 다음의 네 가지로 생각할 수 있다.

① **다품종 소량 상품 관리 :**

 다품종·소량 상품 서비스 제공이 빠르게 진행되고 있다.

이에 맞춰서 거래의 품목 수와 고객 수가 함께 증가할 것으로 예상된다. 또한 품목, 거래처, 고객에 대해서도 보다 상세한 개별 관리가 필요하게 된다. 이에 따라 기업에서는 각 업무(구매, 생산, 재고, 물류, 판매 등)간의 통합이 더욱 빠르게 진행되는 것 이외에 거래 기업과의 정보(재고, 수요 등) 공유화도 빠르게 진전될 것으로 예상된다.

② **현금 흐름(cash flow) 경영 :**

현금 흐름을 중시하는 경영으로 전환하기 위해서는 자산과 자금의 효율적인 운용이 요구되어진다. 재고를 줄이기 위해서는 SCM(공급망관리 : Supply Chain Management)에 의한 기업간의 재고 정보, 수요 예측 정보의 공유화가 진전된다. 또 자금 효율 향상을 위해서 금융기관 등이 제공하는 그룹 기업의 자금 관리(CMS : Cash Management System)의 활용이 진전된다.

③ **지주회사 경영 :**

사업의 선택과 집중을 실시하고 신속한 참여와 철수를 할 수 있는 경영 형태로서 지주회사가 보급될 것으로 예상된다. 이때 그룹 전체의 자원을 최적화하고 핵심 업무에 주력하기 위해서 공유 서비스에 의한 그룹 제휴가 빠르게 진전될 것으로 예상된다.

④ **글로벌 거래 대응 :**

비용 경쟁에서 이기려면 보다 저비용의 거래처를 찾을 필요가 있으며 해외 시장으로 눈을 돌려야 한다. 그래야만 거래처를 넓히고 거래 규모를 크게 함으로써 비용 절감을 꾀할 수 있는 것이다. 이를 위해서는 거대한 e마켓 플레이스를 구축할 필요가 있다.

이 막대한 정보화 투자에 대응하기 위해서 복수 기업이 협조하여 조달과 물류 구조를 공용화 할 것이 예상된다.

기업간 업무 통합을 지원하는 ASP 서비스로서는 여기서 거론한 것 이외에도 여러 가지 가능성을 생각할 수 있다. 그러나 어느 경우에나 업무가 어느 방향으로, 어떻게 변화해 가는가를 정확하게 파악해야만 비즈니스 기회가 주어지게 될 것이다.

4 ASP 시장의 발전을 위해서

1. ASP 시장의 성장 사이클

앞에서 단체 ASP의 시장 예측 및 통합 ASP의 유망한 영역을 살펴보았다. 따라서 여기서는 그 위에 각 ASP 시장이 지속적으로 성장하기 위해서는 어떠한 대응이 필요한가에 대해 고찰해 보도록 한다.

기업이 ASP 검토를 시작해 도입하고 지속적으로 이용함으로써 시장은 성장을 계속할 것으로 예상된다. 이것은 통상적으로 <도표 4-4-1>에 보이는 것과 같은 사이클로 나타낼 수 있다.

① 업무·시스템의 과제 인식 :

　　이것은 기업이 자사의 업무와 시스템 변혁의 필요성을 인

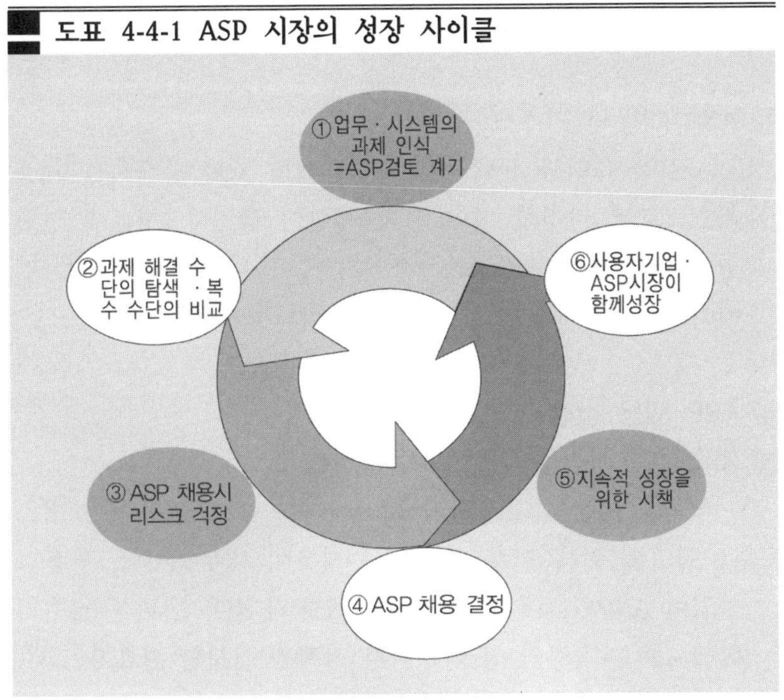

식하는 단계다. 업무 프로세스의 고비용 경향, 시스템의 성
능 저하 등을 인식할 수 있는 계기를 마련해준다. 이 계기는
'ASP화를 검토하게 된 이유'와 바꾸어 생각해도 좋다.

② 해결 수단의 탐색·복수 수단의 비교 :

①에서 인식한 과제를 해결하기 위한 수단을 여러 가지로
검토하는 단계이다. 이때 과제 해결 수단의 선택 안 중 하나
로 ASP가 존재한다는 사실을 인식할 필요가 있다. 그러기
위해서는 ASP의 지명도, 특히 활용시 이점에 대해서 기업에

널리 인식시킬 필요가 있다.

③ ASP 채용시 리스크 걱정 :

ASP가 유력한 선택 안이 된다 해도 기업 측에서는 채용 리스크로서 걱정할 여러 가지 사항이 생긴다. 이들에 관한 명쾌한 해결 수단을 ASP 사업자 측이 완벽하게 해결한 뒤에야 비로소 채용할 결단으로 움직일 것이다.

④ ASP 채용 결정 :
⑤ 지속적인 성장을 위한 시책 :

ASP를 채용해 활용하기 시작했다고 해도, 처음에는 리스크 회피를 위해 일부 업무에의 활용이 대부분이다. 사용자 기업이 ASP의 효과를 인식하고 ASP의 적용 범위를 넓히기 위해서는 지속적인 성장을 위한 시책을 실시할 필요가 있다.

⑥ 사용자 기업과 ASP 시장이 함께 성장 :

ASP의 장점을 최대한 활용하여 사용자 기업이 성장함으로써 ASP 시장 또한 지속적인 성장을 계속할 수 있게 된다.

이상의 ①~⑥을 한 사이클로 하여 ASP 사업자 측이 이 사이클에 적절한 대응을 함으로써, 두 번째 사이클 이후로 이어지는 성장 사이클로 진입할 수 있게 될 것이다.

다음 항에서는 특히 중요한 포인트인 ①의 ASP 검토 계기의 요인, ③의 ASP 채용시 리스크 걱정, ⑤의 지속적인 성장을 위한 시책에 대해서 덧붙여 고찰한다.

2. ASP 검토의 계기는 무엇에서 시작하는가

기업이 ASP를 검토하는 '계기'에는 다음과 같은 다섯 가지의
주요 요인이 있다. 제3장 모두 부분의 기술과 겹치는 점도 있겠
지만 그 개략을 다시 기술한다.

① e비즈니스에의 신속한 대응 :

　　e비즈니스에의 신속한 대응이 기업의 필수 요건이 되었다.
하지만 사내에 그 노하우를 가진 기술자가 없기 때문에 시스
템 구축과 그 운용을 사외에 위탁하려는 요구가 강하다.

② 사내 시스템의 쇄신 :

　　오래된 기업에는 노후화되고 또 블랙박스화 된 시스템이
많아 기업 측은 시스템의 쇄신을 생각하고 있다.

③ IT 투자 비용 절감 요구의 증가 :

　　중소기업에서는 'IT 시스템을 구축하고 싶지만 자사 개발
과 그 운용 비용을 감당할 수 없다'는 기업이 많다. 대기업
또한 인터뷰 결과, '계속 증가되는 IT 투자 비용을 감당할 수
없다'는 의견이 많아 IT 투자 비용을 절감할 필요가 높다.

④ 계속 발전하는 IT 기술자 확보의 어려움(특히 운용면) :

　　IT 기술은 진보가 빠르며, 기술이 변하면 그 운용 노하우
도 변한다. 시스템 구축으로 외부 위탁을 했을지라도 운용

노하우를 가진 기술자가 내부에 없기 때문에 운용에 이행하는 단계에서 어려움을 겪는 기업이 늘고 있다. 또 기술이 변할 때마다 새로운 운용 기술자를 육성하는데 한계를 느끼는 기업도 늘고 있다.

⑤ **정보 시스템 부문의 핵심 업무에의 집중화 :**

기업은 정보 시스템 부문이 핵심 업무인 'IT 전략·기획 업무'에 전념하기 위해서, 운용 등의 타 업무는 아웃소싱 활용을 검토하는 흐름이 빠르게 진행되고 있다.

ASP 사업자는 'ASP가 위와 같은 다섯 가지 과제를 해결할 유력한 수단'이라는 점을 시장에 널리 인식시키기 위한 활동을 할 필요가 있다. 특히 중소기업을 상대로 ASP의 필요성을 얼마나 인식시켜 나가느냐가 중요한 과제가 된다.

3. 사용자 기업이 ASP 도입 검토시 우려되는 점

사용자 기업이 ASP 서비스를 이용할 경우 우려되는 점에 대해 인터뷰를 통해서 다수의 기업으로부터 많은 의견을 들을 수 있었다.

인터뷰 결과를 정리하면, 기업이 ASP 서비스를 이용할 경우 리스크로 걱정하고 있는 점은, ① 조직 내부에의 영향, ② 기대 효과 실현의 불안, ③ 보안 등의 보증 세 가지로 분류할 수 있다. 아래에 각각의 리스크에 대해서 상세히 기술한다.

① 조직 내부에의 영향 :

- 시스템의 자기 부담주의

  대부분의 기업에서는 일반적으로 시스템의 자기 부담주의
  가 깊게 뿌리내리고 있다. 이러한 기업 풍토가 ASP 이용
  을 저해하는 요인으로 생각된다.

- 인원 감원의 어려움

  ASP 이용에 따르는 인원 감원 등의 구조 조정에 대한 저
  항이 강하다. 특히 기업의 경우는 고용 확보가 중요 명제
  로 간주되고 있어, ASP와 같은 아웃소싱 서비스에 대한
  저항이 강한 면이 있다.

- 업무 표준화의 어려움

  업무 프로세스는 업종과 기업별로 다르다는 인식이 강하
  며, 제일선에 있는 사람일수록 어떤 업무의 프로세스나 중
  요하다고 강조한다. 또 리베이트 등 업계별 상거래 습관도
  여러 갈래에 걸쳐 있다. 이러한 요인 때문에 표준화 된 애
  플리케이션은 적합하지 않다고 생각하는 기업도 많다.

- IT 인재와 노하우의 공동화(空洞化)

  ASP 서비스를 이용했다 해도 IT와 업무를 동시에 이해할
  수 있는 인재와 노하우가 사내에 축적되지 않아, 향후의
  업무 개혁시 새로운 업무를 기획할 수 있는 사람이 없어지
  게 되는 공동화 우려가 있다.

② 기대 효과 실현 가능성에 대한 불안감 :

- 통신 회선의 문제

  낮은 통신 요금과 충분한 대응이 서로 가능한지 아닌지를

인터뷰에서의 발췌	ASP 채용시 리스크 걱정
• 아웃소싱을 할 경우 사내에 노하우를 축적할 수 없다(의류 · 운송업) • 이미 통합된 상태이기 때문에 단체로 시스템을 도입하는 것은 어렵다(여관) • 자사 시스템과의 인터페이스가 걱정된다(식품)	리스크 ① : 조직 내부로의 영향 • IT 인재/노하우 공동화 • 인원 감원시의 저항 • 타 시스템과의 인터페이스
• 지금까지 시스템 자사주의가 전반적으로 깊게 뿌리박혀 있었다(통신 교육) • 그룹 내에서 개발 · 운용하고 있다(유통, 의류) • ERP 업무에 맞지 않는다(어패럴 · 건설) • 경리가 업무 혁신을 꺼려하기 때문에 다수의 맞춤 생산이나 시스템의 자사 개발(유통상사 · 건설) • 소매의 특수, 예외 처리가 많기 때문에 표준화가 하기 어렵다(유통) • ASP 문제점은 회선 비용, 보안(의류 · 유통 외 다수) • 네트워크를 포함한 대응의 문제(식품) • ASP 사업자가 바라는 것은 저비용, 속도, 애플리케이션의 성능(통신 교육)	리스크 ② : 기대 효과 실현 우려 • 시스템 자사주의 • 업무 표준화 곤란 • 통신비용 리스크 ③ : 보안 등의 보증 • 보안상의 불안 • ASP 서비스 보증 방법의 불명확화
• ASP는 문제가 발생시 원래대로 회복될 수 있는지가 걱정(유통) • 시스템이 다운되면 안 되기 때문에 애플리케이션의 신뢰성이 필요(식품) • 보안상의 문제 등 실제로 검증해 보지 않으면 알 수 없는 점이 많다(식품) • 과거 데이터의 안정성, 계약 기간이나 손해 배상에 관해서도 상세한 조건이 필요(식품)	

우려하는 소리가 매우 높다.

● 요금 설정

요금 설정에 관해서는 예산 등의 계획을 세우기 쉬운 고정 요금제 등의 알기 쉬운 체계가 바람직하다.

③ 보안, 거래 상대 여신 등의 보증 :

- 보안 문제

인터넷 자체의 보안이 확립되지 않았기 때문에 내부 정보
가 누설되는 등의 위기감이 강하다. 특히 기업의 경쟁 우
위에 직접 연결되는 업무 분야에서는 보안 문제가 해결되
지 않는 한 ASP 채용은 어렵다고 생각하는 기업이 많다.

- 타 시스템과의 인터페이스의 문제

현행 시스템과 ASP로 제공되는 애플리케이션과의 인터페
이스에 대해 우려하는 기업이 많다. ASP와의 인터페이스
를 얼마나 효율적으로 구축할 수 있는가가 ASP 이용 가능
성을 크게 좌우할 것으로 생각된다.

- ASP의 서비스 보증 수준

애플리케이션 시스템의 운용에 관한 보증 수준이나 트러
블 발생의 리스크를 어디까지 부담해주는가 등 비즈니스
파트너로서의 ASP 신뢰성에 관해 명료하지 않은 부분이
많다.

이상과 같이 ASP 사업자는 많은 기업이 느끼는 위의 세 가
지 리스크에 대해 명쾌한 해결책을 제시할 수 있는 비즈니스 모
델을 구축할 필요가 있다.

4. 시장의 지속적인 성장을 위해서

동기 요인을 파악하여 ASP 채용시 리스크 걱정을 해소할 방

법이 확실해야만 비로소 단체 ASP 시장의 성장이 시작된다. 그러나 이 시장이 지속적인 성장을 계속하여 통합 ASP 시장으로 발전해 나가려면, 사용자 기업과 ASP 사업자 모두가 ASP에 의한 장점을 최대한 활용해 성장을 계속할 필요가 있다.

이 장점에 대해서 ① 사용자 기업 측의 요구 충족, ② 제공 기업 측의 비즈니스 성립 요건 충족이라는 두 가지 점에서 고찰을 좀더 해보자.

① 사용자 기업 측 요구의 충족 :

- 규모 확대 서비스의 제공

  처음에는 비핵심 업무부터 ASP 적용을 시작하여 효과가 나타남에 따라 적용 범위가 확대해 갈 것으로 예상된다. 또 기업 자신의 성장에 의해 시스템 규모를 확대한다는 요구도 발생하므로, 이들에 대응할 수 있는 구조를 준비해 둘 필요가 있다.

- 지원할 업무 프로세스의 고도화 대응

  CRM 등의 영업 지원 수단과 기간 업무 시스템을 통합하여 제공하는 능력과 모바일을 이용한 업무에의 대응 등 진보를 계속하는 업무 프로세스에 대해서 항상 최신의 솔루션을 개발해 제공할 능력이 요구된다.

- ASP 이용 요금의 인하

  ASP 서비스에서는 일정 기간별로 요금을 포함한 계약 내용을 재검토하는 것이 일반화 될 것으로 생각된다. 사용자 기업 측은 이 타이밍에서 요금 인하를 요구하는 것이 통상적이다. 즉 ASP 사업자 자신의 계속적인 비용 절감을 위한 노력이 필수적이 된다는 것이다.

② 제공 기업 측의 비즈니스 성립 요건의 충족 :
- 통신 요금의 인하

  국내의 경우에는 미국에 비해 인터넷 통신 요금이 아직 비싸기 때문에 ASP 사업자가 저렴한 가격 설정을 해도 통신 비용 때문에 사용자가 이용을 단행하지 못하는 경우가 있다. 이를 해소하기 위해서는 저렴한 정액제 통신 서비스의 보급은 필수적이다.

- ASP 인지도의 향상

  시장이 크게 성장할 수 있는가 없는가의 열쇠는 중소기업이 쥐고 있다. 중소기업에게 ASP를 널리 인식시키기 위해서는 막대한 광고 선전비가 필요하다. 하지만 통신 비용을 저렴하게 하지 않으면 중소기업을 대상으로 한 요금 체계에서의 비즈니스가 불가피하다는 문제점이 있다. 한 기업의 노력으로는 한계가 있으므로, ASP 사업자가 협력하여 보급 활동을 하는 등의 아이디어가 필요하다.

5 미국의 ASP 시장 예측

1. 2003년에 480억 달러의 시장으로

미국의 ASP 시장 규모에 대해서 알아보자. 미국의 딜로이트 컨설팅에서는 호스팅을 포함하는 ASP 관련 서비스를 크게 4개 부문으로 분류하고 있다. 즉 ① 솔루션과 애플리케이션 아웃소싱, ② 프로덕티비티 애플리케이션 서비스, ③ 하이엔드 호스팅, ④ 베이직 웹 호스팅 등이다. 4개 부문의 개략은 다음과 같다.

① 솔루션과 애플리케이션 아웃소싱 :
  기간 업무 전반에 대한 시스템을 네트워크를 통해 제공한다. 일본 시장 규모 분석의 맞춤 생산 시장, 스탠더드 시장, E커머스 시장은 여기에 해당한다.

② Productivity Application Services :

기간 업무 이외의 시스템(이메일, 마이크로소프트 오피스 등)을 네트워크를 통해 제공한다. 일본 시장 규모 분석의 커뮤니케이션/공동 개발은 여기에 해당한다.

③ High-end Hosting :

미션 크리티컬(mission critical)한 기업 시스템의 운용 서비스. 광대역 회선에서의 사용이 기본이다.

④ Basic Web Hosting :

홈 페이지 운용 등의 스토리지를 대여하는 서비스다. 공중

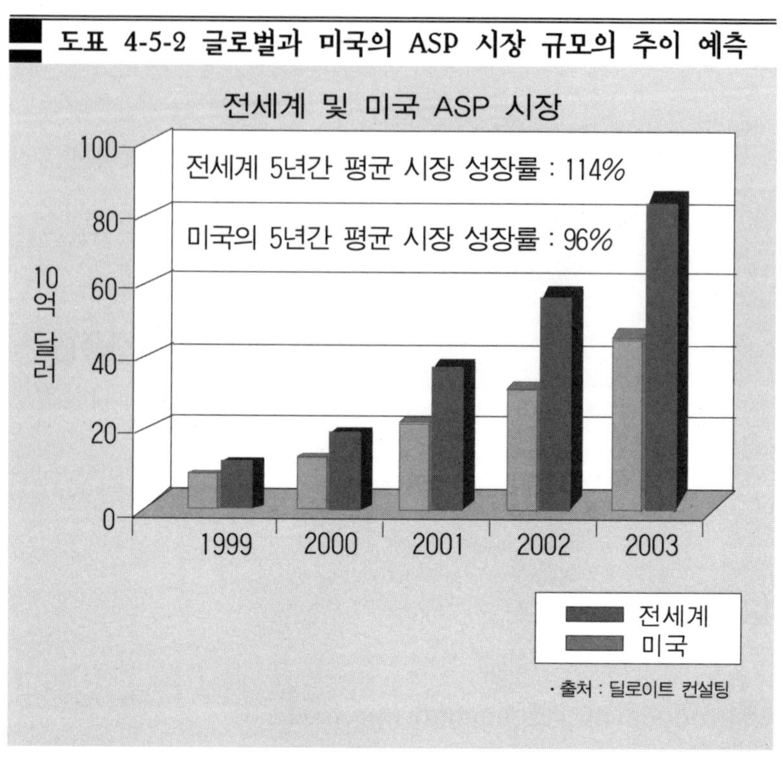

회선에서의 사용이 기본이다.

또한 ①~④ 모두의 시장 규모 추이는 <도표 4-5-2>와 같다. 2003년에는 전 세계적으로 약 850억 달러, 미국의 경우는 480억 달러의 시장이 될 것으로 예상된다.

다만 이 중에는 하이엔드 호스팅과 베이직 웹 호스팅도 포함되기 때문에, 미국의 순수한 ASP의 시장 규모는 이것의 77%로 약 370억 달러가 된다.

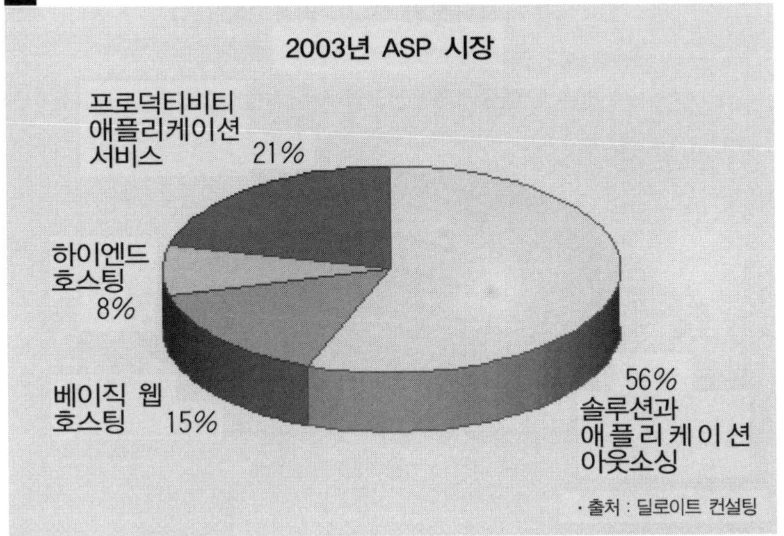

다음에 ① 솔루션과 애플리케이션 아웃소싱, ② PAS(Productivity Application Services)의 유망한 애플리케이션을 보자.

2. ERP와 이메일이 성장을 가속화 한다

솔루션과 애플리케이션 아웃소싱의 애플리케이션별 시장 규모는 <도표 4-5-4>와 같이 ERP가 압도적으로 크고, 그 다음이 CRM, E커머스의 순서로 되어 있다.

한편 성장률은 E커머스, CRM, SCM, ERP의 순이며, E커머스 성장이 매우 클 것으로 예측하고 있다. 또한 일본의 시장 예

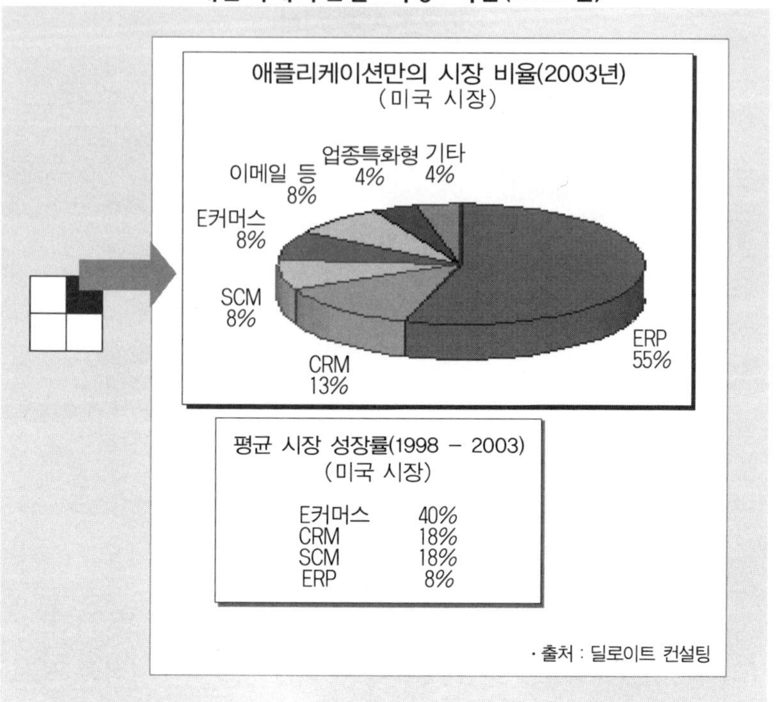

측에서는 E커머스 시장 규모가 큰 것에 대해, 미국의 예측에서는 E커머스의 규모가 비교적 작다. 그 이유는 다음과 같다.

미국에서의 E커머스 시장 규모 산출에서는 E커머스의 사이트 구축과 운영만을 대상으로 하고 있는 것에 대해, 일본의 시장 규모 산출에서는 그에 더하여 e마켓 플레이스를 운영하고 참여 기업 등에서 이용료를 징수하는 형태도 대상으로 하고 있기 때문이다.

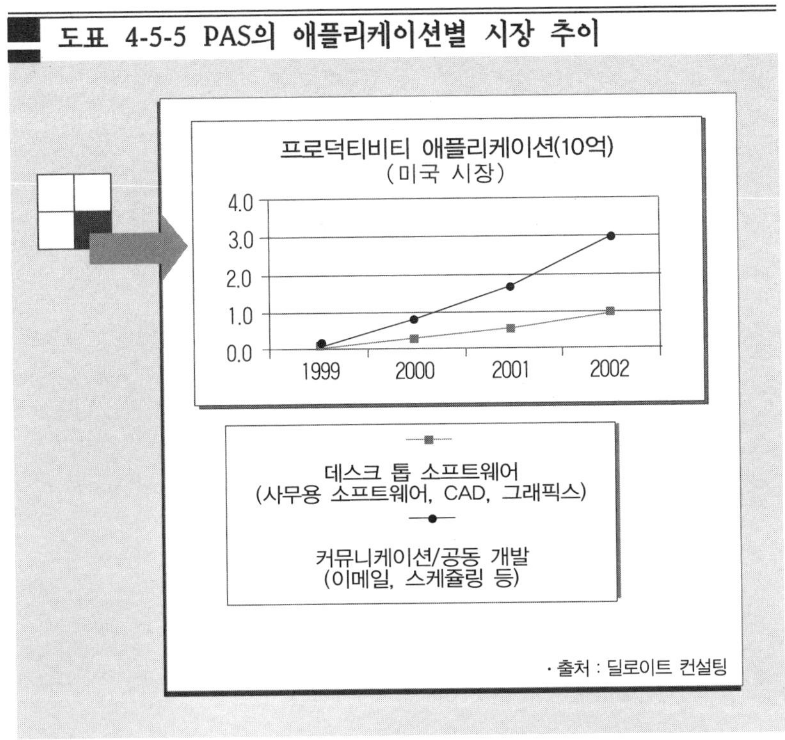

다음으로 PAS의 애플리케이션별 시장 규모를 보면, 이것은 <도표 4-5-5>와 같이 이메일 부문이 신장하고 시장 규모도 함께 크며, 마이크로소프트 오피스와 같은 데스크 탑 애플리케이션은 그보다 약간 작은 신장과 시장 규모일 것으로 예상된다.

제5장

ASP 사업에 진출한 기업들

1 예측할 수 없는 시장 전반의 모습

제4장까지는 ASP의 정의, 활용 사례 및 발전 전망에 대해 살펴보았다. 그렇다면 질 좋은 ASP 서비스를 제공하기 위해서는 한 회사만을 위한 단독 서비스 제공은 가능한 것일까?

'ASP 서비스'는 통신 설비에서 애플리케이션 구축, 컨설팅까지 수행하는 폭넓은 서비스로, 다수의 기업이 각각 자신 있는 제품과 서비스를 제공함으로써 비로소 성립하는 서비스다. 즉 한 회사에서 모든 기능을 수행하는 것은 어려우며, 제휴가 전제되어지는 비즈니스 모델인 것이다.

여기서 ASP 서비스 제공에 필요한 기능을 이해하기 위해 딜로이트 컨설팅이 정의한 'ASP 가치 사슬 모델(Value Chain Model)'을 이용하여, ASP 서비스를 구축하는 기능 해설과 그 운영자가 될 가능성이 높은 기업에 대해 살펴보도록 하자.

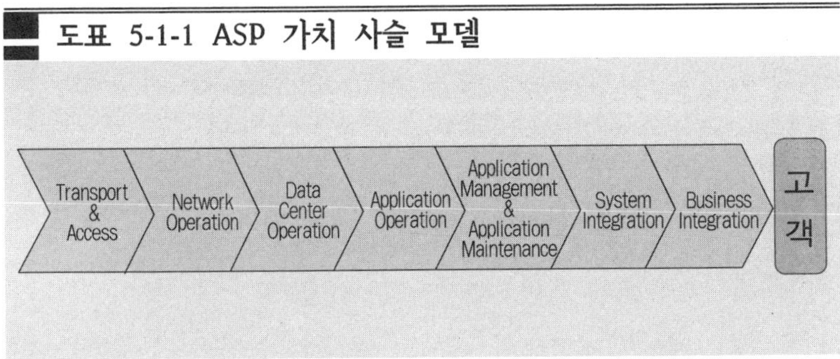

1. ASP 가치 사슬 모델을 구성하는 기능

트랜스포트와 액세스

IP망이나 전용선, 프레임 릴레이 등을 활용하기 위해 필요한 통신 기구, 통신 서비스를 제공하는 기능이다.

이 기능의 제공은 제1종 통신 사업자뿐 아니라 제1종 사업자의 회선을 이용하여 사업을 운영하는 제2종 통신 사업자도 가능하다.

NTT나 KDD 등의 제1종 통신 사업자를 비롯해 IIJ나 니프티(Nifty) 등 인터넷 접속을 전문으로 하는 기업(ISP 사업자)이 이 기능을 제공하는 대표적인 예이다.

네트워크 운용(Network Operation)

컴퓨터 네트워크를 구성하는 '라우터'나 '허브' 등 네트워크와 관련된 보수나 운용을 행하는 기능이다. 이 기능은 앞에서 말한

'트랜스포트와 액세스'를 제공하는 기업뿐 아니라, 다음의 '데이터 센터 운용'을 제공하는 SI(System Integrator), 하드웨어 벤더 등의 기업이 제휴하여 제공하는 경우도 많다.

데이터 센터 운용(Data Center Operation)

서버나 지진 대책, UPS(무정전 전원 장치), 백업 등의 하드웨어 및 OS, 데이터베이스와 관련된 보수와 운용을 실행하는 기능이다.

ASP 서비스를 안정적으로 공급한다는 점에서 네트워크와 같은 중요한 기능이며, 예상치 못한 문제에도 대응 가능한 환경을 제공한다. 통신 사업자나 SI(시스템 통합), 하드웨어 벤더 등 다양한 기업이 인프라 전반의 보수를 담당하는 아웃소싱 서비스로서, 이 '데이터 센터 운용' 기능을 제공할 가능성이 있다.

애플리케이션 운용(Application Operation)

ASP에서 제공하는 애플리케이션 운용을 행하는 기능이다. 구체적으로는 스케줄 관리를 정기적으로 가동하는 애플리케이션의 감시나 장해시 복구 처리가 여기에 해당된다.

시스템 통합 등 이제까지 아웃소싱 서비스를 제공해 온 기업이 이 '애플리케이션 운용'의 서비스 제공이 가능하다.

애플리케이션 관리와 유지
(Application Management & Application Maintenance)

ASP에서 제공하는 애플리케이션의 일상적인 기능 개선이나 유지·버전 업그레이드, 마스터 테이블류의 등록 등을 행하는 기능이다. 사용자 기업으로의 헬프데스크도 이 기능에 속한다.

소프트웨어 벤더나 SI, 컨설팅업계 등의 기업이 강한 분야다.

시스템 통합(System Integration)

시스템 요건 정의, 설계, 개발, 테스트, 도입을 실행하는 기능이다. 특히 ASP 서비스의 경우 기존 시스템과의 인터페이스 개발에 의한 통합, 멀티 벤더·소프트웨어/하드웨어의 통합 기술도 필요하다. 또한 기술적인 힘 이외에 다수의 벤더를 관리하는 프로젝트 매니지먼트의 힘도 중요하다.

SI, 컨설팅 기업이 이 영역에 강하다.

비즈니스 통합(Business Integration)

사용자 기업의 비즈니스(업무)와 ASP에서 제공하는 애플리케이션 통합을 실행하는 기능이다. ASP를 사용함으로써 변화하는 사용자 기업의 업무 프로세스 재설계 등을 행한다.

또한 보다 효율적인 업무 프로세스를 상정해 맞춤 생산한 애플리케이션을 제공함으로써, 사용자 기업은 BPR을 낮은 비용으로 행하는 것이 가능하게 된다.

ASP 서비스를 도입할 때에는 큰 업무 변경을 동반하는 경우도 많아, 업무 혁신과 그 정착을 위한 체인지 매니지먼트에 노하우를 지닌 컨설팅 기업이 이 기능 제공에 장점을 갖고 있다.

이렇게 'ASP 가치 사슬 모델'을 구성하는 각각의 기능을 보면 통신 사업자, 하드웨어 벤더, 소프트웨어 벤더, SI, 컨설팅 기업 등 다양한 기업들의 자신 있는 서비스가 하나로 통합되어 ASP 서비스가 성립된다.

2. ASP 사업에 참여하는 기업체

일본에서 이미 ASP 서비스를 제공하고 있거나 또는 참여가 예상되는 사업자는, 다음의 4개 기업 그룹으로 크게 나눌 수 있다. 여기서는 4개 그룹 각각의 특징을 정리해 보자.

① SI/컨설팅 기업 :

노무라종합연구소나 NTT데이터 등 주로 대규모 시스템 개발과 보수 운용을 해온 그룹이다. 지금까지도 아웃소싱 서비스를 제공해온 기업이 많아 그 경험과 실적을 살려 ASP 사업에 참여해오고 있다고 예상된다.

이 카테고리의 강점은 시스템 구축의 노하우를 갖고 있다는 점과 벤더를 불문하고 여러 가지 소프트웨어에 대한 지식과 경험을 갖는 인재가 많다는 점이다.

단, 계열 회사 제품만을 취급하는 벤더의 색이 강한 기업은 벤더계 카테고리에 포함하는 것으로 한다.

ASP 서비스를 전문으로 제공하는 업체로 설립된 기업으로, 일본 진출을 계획하고 있는 코리오(미국)도 이 카테고리에 속한다. 코리오는 벤처 캐피털의 출자를 받아 설립된 2년도 채 안된 신생 기업이다.

그러나 코리오는 다수의 유력한 애플리케이션과 데이터 센터, 통신 서비스를 포함하여 원 스톱으로 ASP 서비스를 제공함으로써 약 50개 사의 고객을 확보하고 있을 만큼 성장하고 있다.

② 벤더(하드웨어/소프트웨어) 기업 :

　IBM이나 후지츠 등 하드웨어를 납품할 때 시스템 구축까지 해온 그룹, SAP재팬이나 일본오라클 등 자사의 소프트웨어를 납품할 때 시스템 구축을 지원해온 그룹이다.

　사용자 기업으로부터 신뢰가 높기 때문에 자사 제품의 판매뿐 아니라 시스템 도입 서비스까지 해온 기업이 많다. 하드웨어 벤더는 계열 회사로서 시스템 통합(SI)을 안고 있는 경우가 많으며, 실제 시스템 구축이나 도입 지원은 계열 회사가 행하는 경우가 많다.

③ 통신 사업자 기업 :

　NTT 그룹, DDI 그룹 등 통신 사업자에서 시스템 개발이나 보수 운용 영역에 진출해온 그룹이다. 원래 통신 사업자이기 때문에 네트워크 구축에는 상당히 강하다. 이를 기반으로 사업 영역을 확대하기 위해 보수 운용 서비스에서 상류 시스템 개발까지 진출하게 되었다. 시스템 통합이나 벤더 기업과 비교하면 노하우나 실적이 아직까지는 부족하나 지명도가 높고 자금과 인재가 풍부하다.

④ 미디어·기타 기업 :

　TV·라디오 방송국, CATV, 잡지 등의 미디어 전반, IT 사용자 기업에서 ASP 서비스 제공자로 전환하는 기업 및 기타 기업 모두가 이 그룹에 포함된다.

　미디어계 기업에서는 아직 ASP에 대해 활발한 움직임은 없다. 그러나 ASP 시장이 부상함에 따라 특히 콘텐츠 업계

도표 5-1-2 ASP 일본 시장의 이미지도

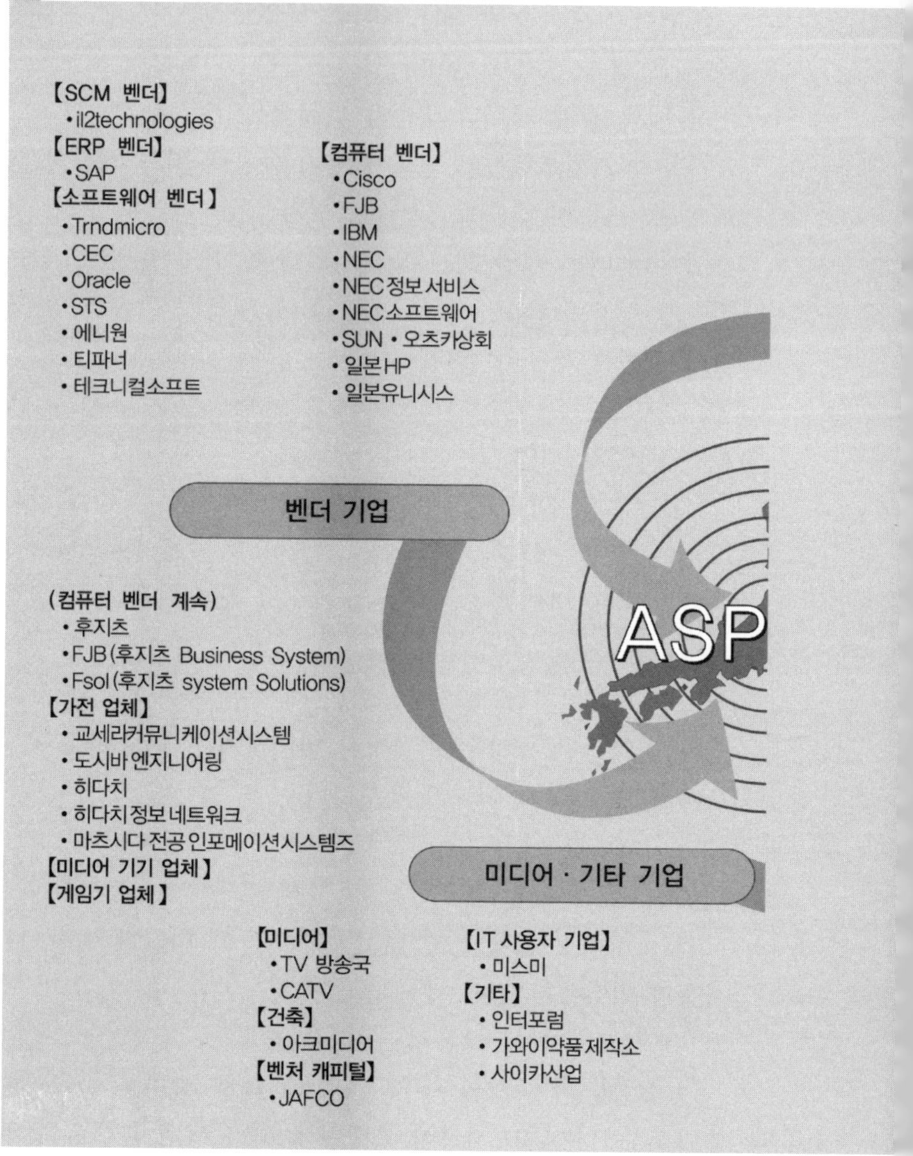

【SI】
- CSK
- CSK네트워크시스템
- CTC(이토추테크노사이언스)
- ENICOM
- TIS(도요정보시스템)
- 아이네
- EC팩토리닷컴
- 노무라종합연구소
- NTT데이터
- 저스트 플래닝
- 신신상회
- 스미쇼정보시스템
- 다이쿄전자통신
- 트라이콘

SI/컨설팅 기업

【컨설팅】
- 딜로이트 토마츠 컨설팅
- 앤더슨 컨설팅

【텔레커뮤니케이션(Telecommunication)】
- DDI
- NTT커뮤니케이션스
- NTT동일본
- NTT서일본
- NTT도코모
- 일본텔레콤

통신사업자 기업

【ISP/통신 기기】
- NIFTY
- UUNE T
- 에스포시오넷 시녹스
- 크레이픽스
- 일본 사이버텍
- 일본루센트테크놀러지
- 노텔네트워크
- 파켓티어

를 중심으로 한 서비스에서 두각을 나타낼 것으로 예상된다.

IT 사용자 기업에서 ASP 서비스 제공자로의 전환을 계획하고 있는 기업으로서는 미스미 외에 소니, 마쓰시타전기산업 등 대기업의 제조업 등이 앞으로 서비스 제공자가 될 것으로 추측된다.

또한 ASP 서비스가 안정적인 시장으로 착실히 성장하기 위해서는 투자 기업의 동향도 관심이 가는 부분이다.

일본의 우정성(郵政省)은 민간 기업과 공동으로 '텔레커뮤니케이션 벤처 사업조합'을 발족시켰다.

이 조합은 향후 증가하는 신생 통신 기업의 육성을 주시한 것으로, 자금면에서 뿐 아니라 벤처 캐피탈과도 제휴하여 경영 노하우면에서의 백업도 민관 공동으로 실시하고자 하는 것이다.

펀드 규모는 40억 엔, 조합 계약 기간이 15년이기 때문에 시작 단계에서 성장·발전 단계까지의 장기적인 지원 체제를 확립하고 있다. 출자 대상이 통신 사업자로 한정되어 있지만, 거기서 ASP 서비스를 제공하는 사례가 생겨날지도 모른다.

그렇다면 위에서 언급한 4개 그룹에 속하는 기업이 제공하는 ASP 서비스의 개요, 사업 착수 및 투자 기업이나 ASP 사업자를 유치하고자 하는 지방 공공 단체의 동향에 대해 고찰하도록 하자.

2 SI/컨설팅업계 기업의 동향

시스템 통합(SI), 컨설팅업계 기업은 종래의 컨설팅, 시스템 구축이라는 한 개의 프로젝트마다 수익을 올리는 수익 구조였다. 그러나 이 방법으로는 수익이 일정하지 않아 계속적인 수익을 올릴 수 있는 애플리케이션 아웃소싱 서비스로의 진출을 꾀하고 있다.

시스템 통합의 힘이 우수하고, ASP 서비스의 프라임 계약자가 될 수 있는 힘을 지닌 기업체들이 주로 여기에 해당한다. 또한 기간업무계 ASP 서비스뿐 아니라 특정업계형의 ASP 서비스를 제공하는 기업도 시스템 통합에 해당된다.

간호 시설이나 간호 서비스에 초점을 맞춘 스미쇼(住商)정보시스템의 '히이라기', 조제 약국의 재고·발주 업무에 특화한 'IPC-NET' 등은 이색적이다.

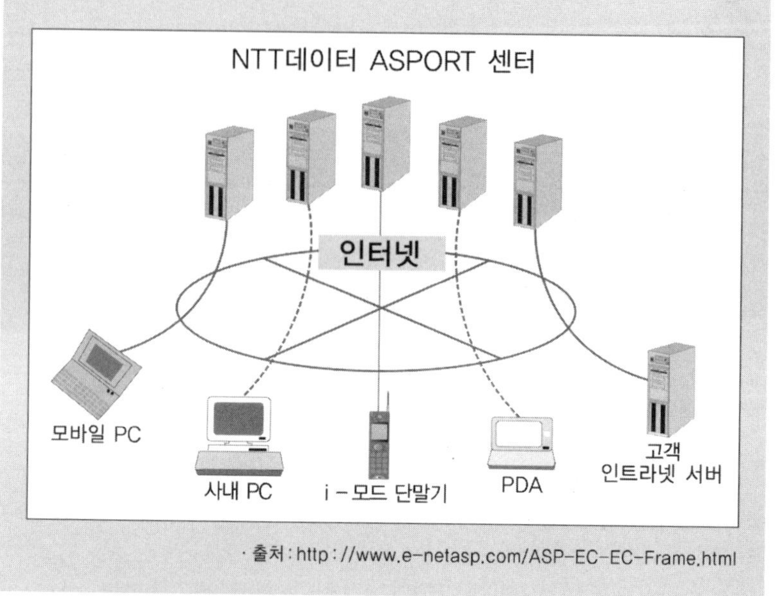

한편 일본종합연구소는 웹상에서 제공하고 있는 간이 컨설팅을 세트로 ASP 서비스를 제공하고 있다. 템플릿에 맞지 않는 부분의 업무 개선을 제안하는 것이다.

시스템 통합에서도 이러한 상류(上流) 공정에 진출하여 솔루션을 제공할 수 있는 기업이 늘어나고 있는 것이 ASP 시장의 활성화에도 도움이 될 것이다.

따라서 시스템 통합의 큰 흐름인 기간업무계 ASP, 특정업종형 ASP, 컨설팅계 ASP, 전업(傳業) ASP 순으로 살펴보기로 한다.

1. 기간업무계 ASP

NTT데이터(www.nttdata.co.jp)

오라클을 비롯한 다수의 기업과 공동으로, ERP 패키지인 오라클 애플리케이션(Oracle Applications, 오라클사 제품)을 사용한 기간업무 시스템이나 에이에스포트(ASPORT)라는 스케줄 관리와 비품 발주 관리 등의 기능을 갖는 시스템을 ASP로 제공하고 있다.

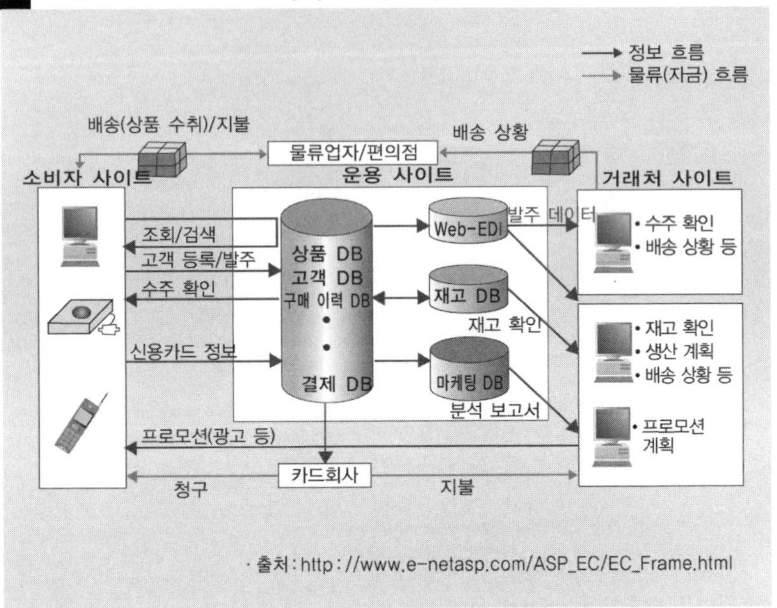

NTT 그룹의 소속이라는 이점을 살려 통신 사업자와의 제휴가 실현된다면, ASP 가치 사슬 모델을 원 스톱으로 제공할 수 있는 아주 드문 기업이다.

CSK(www.csk.co.jp)

회계 시스템 Super Stream(에스에스제이사 제품)이나 노츠/도미노(로터스사 제품), CB캐시(쟈스트시스템사 제품) 등 지식 경영계의 애플리케이션을 ASP로 제공하고 있다. Super Stream의 경우 100개 사가 넘는 회사들이 도입해 사용하고 있는 실적을 자랑한다.

CTC(이토추테크노사이언스, www.ctc-g.co.jp)

E커머스계의 ASP에 착안하여 소매업형 전자 점포 개설에서 재고 담보, 결제와 배송 지시 기능을 갖는 ASP를 제공하고 있다. 또한 CRM(고객관계관리 : Customer Relationship Management) 패키지의 시벨 엔터프라이스 솔루션(Siebel Enterprise Solution, 시벨사 제품), SCM(Supply Chain Management) 패키지의 RMS(리테크사 제품)도 ASP에서 제공한다.

2 특정업종형 ASP

스미쇼(住商)정보시스템(www.scs.co.jp)

간호 보험 제도 실시에 따라 시작한 지정 간호 시설이나 간호 서비스 사업자형 노령자 간호 시설 종합 지원 ASP 서비스 '히이라기'를 제공한다.

각 간호 시설과 간호 서비스 사업사와 데이터 센터를 전용선이나 인터넷으로 연결하여 간호 서비스 관리, 간호 보수 청구, 영양·식단 관리, 경리·재무 관리, 인사 관리 애플리케이션 등의 서비스를 제공한다.

시스템을 구입할 경우와 비교하면 초기 투자 비용을 3분의 1 이하로 줄이는 것이 가능하고, 제도 개정에 따른 프로그램 수정은 스미쇼정보시스템이 담당한다.

법 제도의 개정 등에 따른 시스템 변경 등의 사용자 부담을

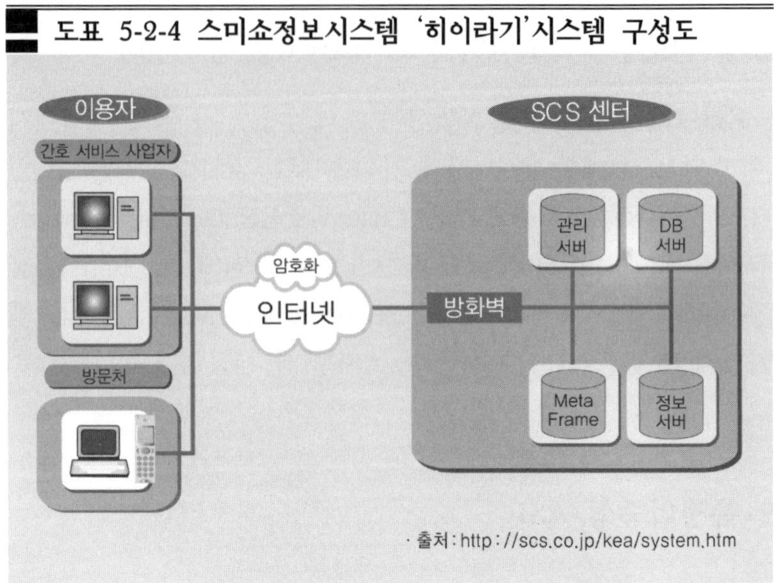

외부 서비스를 이용함으로써 비용을 줄이는 대표적인 예이다. 스미쇼정보시스템의 실적과 '스미토모(住友)'의 브랜드가 사용자에게 신뢰감을 주고 있다.

아크미디어(www.arcmedia.co.jp)

히타치제작소와 공동으로, 건설업계의 비용 절감과 업무 효율화를 목적으로 ASP 서비스 'AA-NET21'을 제공한다.

아크미디어가 건축 자재인 전자 카탈로그 발신 노하우, 지방자치단체 조례나 건설에 관한 데이터베이스 서비스를 제공하고, 히타치제작소가 견적서 지원, 도면·사양서 교환, 수·발주 지원, 결제 업무 지원 등의 애플리케이션을 제공한다.

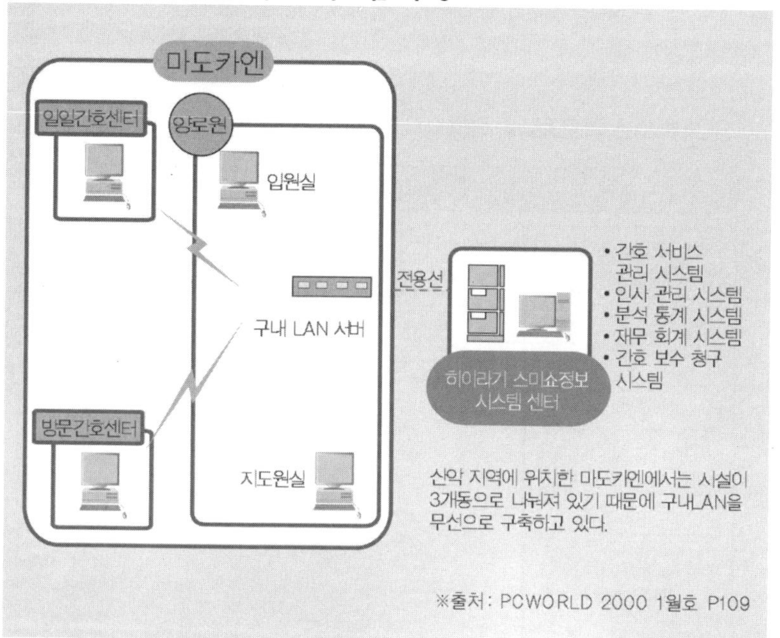

이 ASP 서비스를 이용함으로서 도면에서 견적서를 작성하는 작업이나 다른 서식으로 작성된 방대한 양의 견적서를 비교 검토하는 작업 등의 업무 효율화가 가능하게 된다.

앞으로는 '분리 발주 서비스', '건축 토목 선정 지원 서비스', '건축 자재 선정 서비스', '구축 관리 지원 서비스' 등을 제공해 나갈 예정이다.

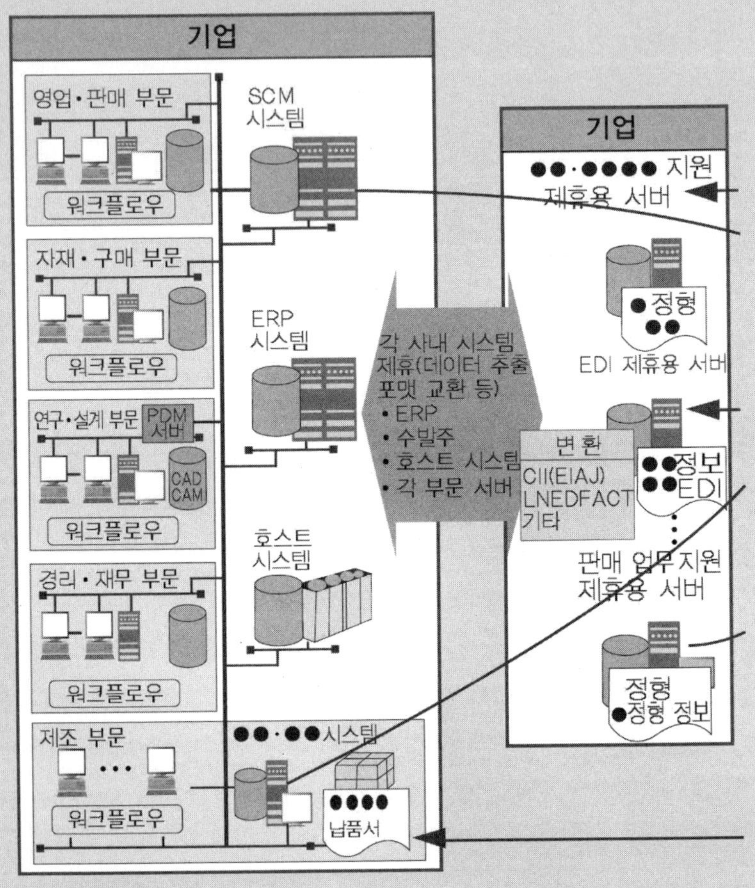

SCM 시스템으로의 적용
기업
영업·판매 부문
SCM
시스템
워크플로우
자재·구매 부문
워크플로우
연구·설계 부문
PDM
서버
ERP
시스템
CAD
CAM
워크플로우
경리·재무 부문
호스트
시스템
워크플로우
제조 부문
●●·●● 시스템
워크플로우
납품서
각 사내 시스템
제휴(데이터 추출
포맷 교환 등)
· ERP
· 수발주
· 호스트 시스템
· 각 부문 서버
변환
CII(EIAJ)
LNEDFACT
기타
기업
●●·●●●● 지원
제휴용 서버
●정형
EDI 제휴용 서버
●●정보
EDI
판매 업무 지원
제휴용 서버
정형
●정형 정보

제공하는 "TWX-21"

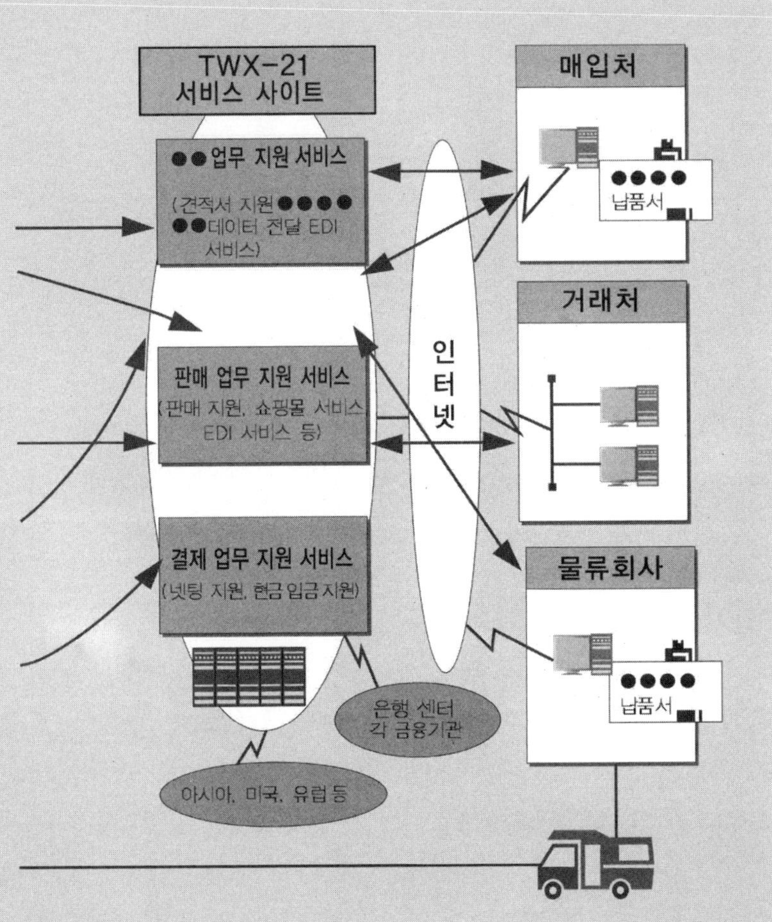

• 출처: http://hitachi.co.jp/Sp/TJ/1999/hrn aug99/hrn0805j.htm

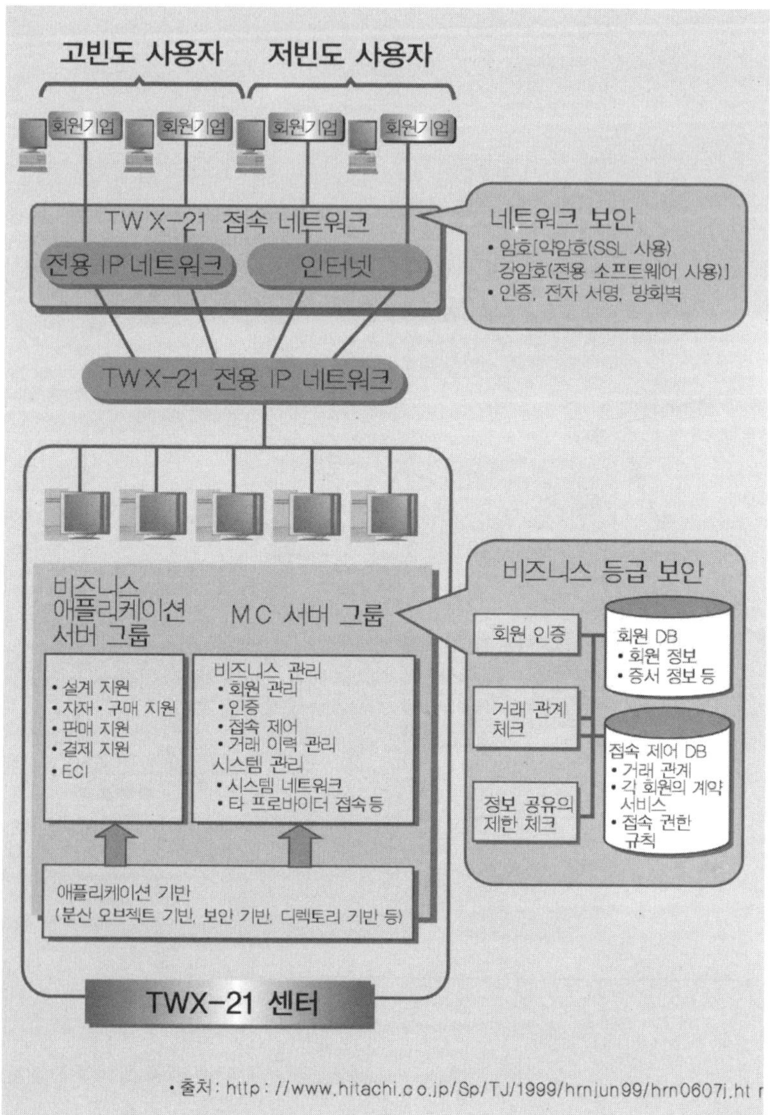
고빈도 사용자
저빈도 사용자
회원기업
회원기업
회원기업
회원기업
TWX-21 접속 네트워크
전용 IP 네트워크
인터넷
네트워크 보안
• 암호[약암호(SSL 사용)
강암호(전용 소프트웨어 사용)]
• 인증, 전자 서명, 방화벽
TWX-21 전용 IP 네트워크
비즈니스
애플리케이션
서버 그룹
MC 서버 그룹
비즈니스 등급 보안
• 설계 지원
• 자재·구매 지원
• 판매 지원
• 결제 지원
• ECI
비즈니스 관리
• 회원 관리
• 인증
• 접속 제어
• 거래 이력 관리
시스템 관리
• 시스템 네트워크
• 타 프로바이더 접속 등
회원 인증
거래 관계
체크
정보 공유의
제한 체크
회원 DB
• 회원 정보
• 증서 정보 등
접속 제어 DB
• 거래 관계
• 각 회원의 계약
  서비스
• 접속 권한
  규칙
애플리케이션 기반
(분산 오브젝트 기반, 보안 기반, 디렉토리 기반 등)
TWX-21 센터
• 출처 : http : //www.hitachi.c o.jp/Sp/TJ/1999/hrnjun99/hrn0607j.ht r

인터파콤(www.i-pc.co.jp)

조제 약국의 재고 관리 업무의 효율화와 발주 업무의 효율화를 목적으로 ASP 서비스 'IPC-NET'를 제공한다. 그룹 약국의 재고 데이터를 집중적으로 관리하고, 약국간의 유통을 지원함으로써 과다 재고를 줄이는 것이 가능하다. 또한 약품은 포장 단위에서의 관리뿐 아니라 처방 단위에서의 관리가 가능하므로 보다 정확하고 세밀한 재고 관리가 이루어질 수 있다.

최저의 재고를 알려주는 의약품 발주 알림 기능이나 과거의 실적을 바탕으로 지정된 기간의 약품 사용량을 예측하는 기능 등 애플리케이션 기능이 뛰어나다.

NEC정보서비스(www.nec.co.jp)

기간업무계의 ASP 서비스와 학교 도서관형 ASP, 해운업자형 ASP 서비스를 제공한다. 학교 도서관형 ASP는 장서 관리·대출 관리 애플리케이션, 서적 유통업자가 제공한 서적 데이터(MARC)의 수취, 기존 데이터의 이행 서비스를 제공한다.

또한 중소기업 규모의 해운업자를 대상으로 한 ASP는 수출입시의 선적 정보 작성 및 통관 수속 정보 작성 애플리케이션을 제공한다. 도서관이나 해운업자 등 다른 기업이 눈을 돌리지 않은 분야에서 ASP 서비스를 제공하는 경우이다.

저스트 플래닝 (www.justweb.co.jp)

중소 규모(~150 점포)의 외식산업형 ASP 서비스 엔터프라이스 네트워크 시스템('Enterprise Network System')'을 제공한

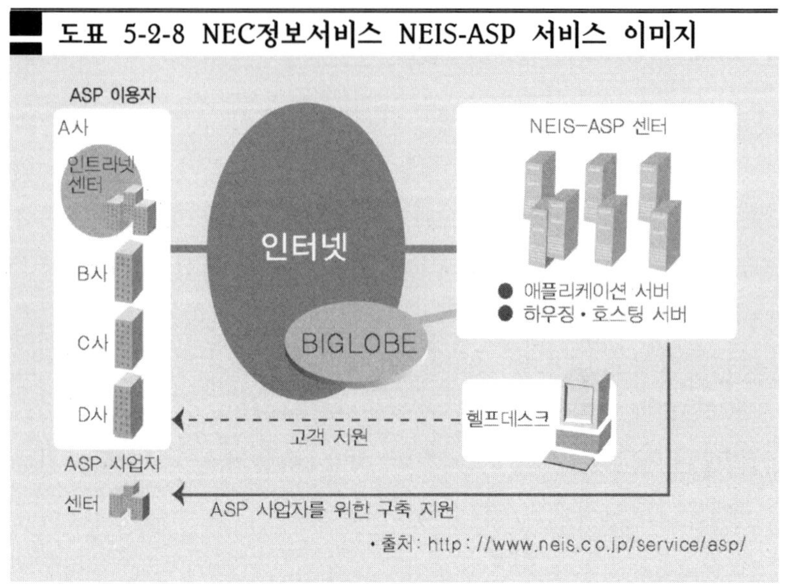

도표 5-2-8 NEC정보서비스 NEIS-ASP 서비스 이미지

다. 점포의 Window POS나 PC에서 입력된 데이터는 데이터 센터에 송신되고, 웹을 매개로 분석 데이터 송신을 함으로써 장소와 시간을 불문하고 분석 장부의 열람과 출력이 가능하게 된다.

사용자 기업의 경영 전략에 맞춰 분석 항목의 맞춤 생산에도 대응이 가능한 융통성을 갖고 있다. 또한 옵션으로 점포 POS에서 본부로의 업무 연락 서비스, 식료품점으로의 팩스에 의한 발주 서비스도 준비되어 있어 정보 분석 이외의 서비스도 제공이 가능하다.

그리고 추가 기능으로서 매출 예측 시스템을 2000년 가을에 발표해 한층 기능이 업그레이드된 서비스를 제공하고 있다.

도표 5-2-9 저스트 플래닝 'MAKASETE NET'을 채용한 I&C의 시스템 구성

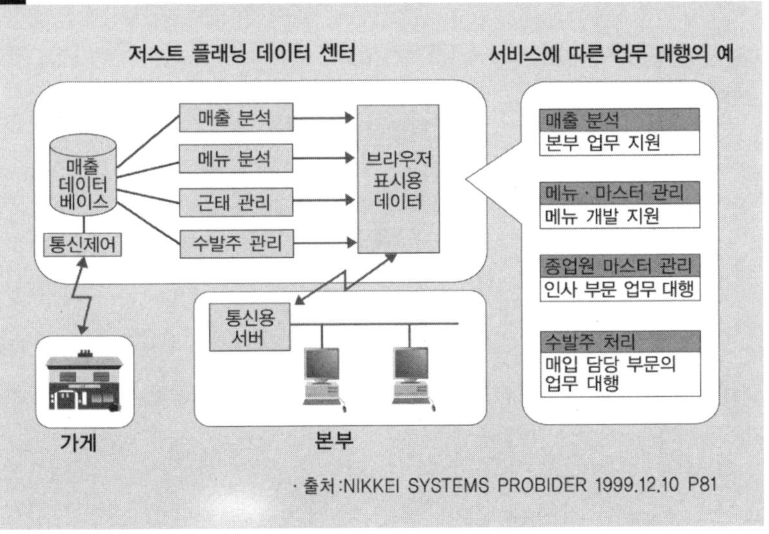

가시와
이케부크로
오사카
교토
· 매출 테이터
· 근태 정보
(2000년 4월까지 도입)
인터넷
저스트 플래닝
센터
· 테이터베이스
· 집계 시스템
· 분석 시스템
본부
· 매출 관리
· 메뉴 교환
· 근태 관리
(2000년 4월까지 도입)
매출 확인
매출 분석
· 출처 : PCWORLD 2000년 1월호 P.108

도표 5-2-10 저스트플래닝의 외식산업형 ASP 'AKASETE NET'의 예

저스트 플래닝 데이터 센터
서비스에 따른 업무 대행의 예
매출 분석
메뉴 분석
근태 관리
수발주 관리
매출
데이터
베이스
통신제어
브라우저
표시용
데이터
매출 분석
본부 업무 지원
메뉴 · 마스터 관리
메뉴 개발 지원
종업원 마스터 관리
인사 부문 업무 대행
수발주 처리
매입 담당 부문의
업무 대행
통신용
서버
가게
본부
· 출처 :NIKKEI SYSTEMS PROBIDER 1999.12.10 P81

일본유니시스(www.unisys.co.jp)

건설 프로젝트의 비용 절감을 실현하기 위한 ASP 서비스 'Project Center'를 제공한다. 순서도 기능과 파일 이력 관리 기능, 다른 파일 형식의 문서, 화상, CAD 도면 등 뷰어(viewer)를 매개로 공유하는 정보 관리 애플리케이션과 수취한 도면에 빨간 선과 코멘트를 넣는 기능 등 건설 프로젝트에 특화한 서비스를 제공한다.

사용자측은 웹에 접속하는 환경에서 브라우저만으로 이들 애플리케이션을 사용할 수 있다.

3. 컨설팅업계의 ASP

일본종합연구소(www.jri.co.jp)

SFA(Sales Force Automation) 패키지를 ASP로 제공한다. 대기업형과 중소기업형의 패키지를 준비하는 등 기업 규모에 의해 요구되어지는 기능과 요금을 고려한 서비스 체계에 대한 세심한 배려가 돋보인다. 웹상에서의 간이 컨설팅이지만 사용자 사이트로의 흐름을 빼놓을 수 없다.

기타 컨설팅 형태

미국에서는 딜로이트 컨설팅, 앤더슨 컨설팅, 프라이스워터하우스크파스를 비롯해 각 컨설팅 기업이 ASP 사업으로의 참여

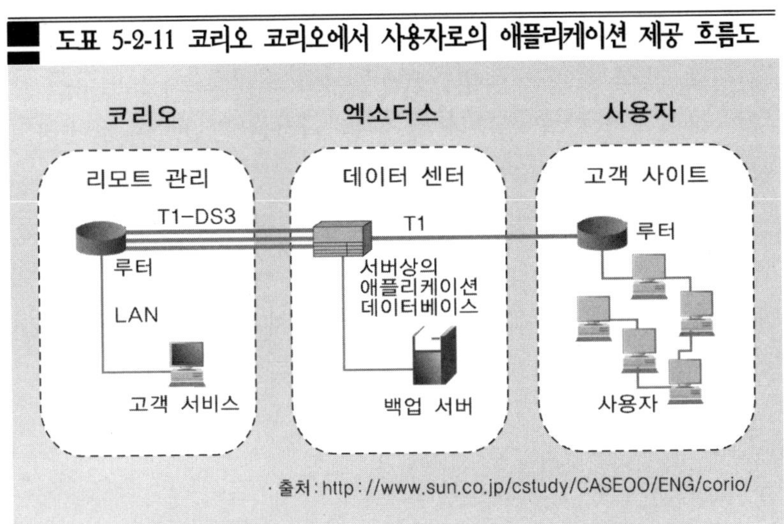

를 발표하거나 또는 서비스 제공을 하고 있다.

그러나 일본에서는 아직 ASP 서비스 제공을 시작하고 있는 컨설팅 기업은 없고 모두 준비 단계라고 보여진다. 향후 움직임 이 활발해질 것이다.

4. 전업 ASP

코리오(www.corio.com)

미국의 ASP 전업(傳業) 기업으로, 2000년 상반기에 일본에 진출했다. 데이터 센터는 미국의 선마이크로시스템스나 엑소더스, 인사·회계 애플리케이션은 미국의 피플소프트, CRM은 미국 시벨, 생산 관리는 독일 SAP 등처럼 코리오는 각 벤더를 각각의 분야에서 가장 우수한 소프트웨어라고 판단하여 선정하고 있다.

현재 일본에서는 일본 기업의 수요에 맞는 벤더를 선정하는 형태이나 솔루션과 낮은 비용을 무기로 서비스 시작 1년 이내에 ASP 사업자 중 최고의 위치를 차지하기 위한 목표로 서비스를 제공하고 있다.

3 벤더업계의 기업 동향

1. 하드웨어 벤더

일본을 대표하는 하드웨어 벤더(IBM, 후지츠, NEC, 히타치 제작소) 거의 대부분이 '데이터 센터 운용' 기능을 담당하는 것이 가능하며, 하우징과 포스팅 등의 아웃소싱을 예전부터 제공해오고 있는 기업들이다.

보수 운용의 노하우에 뛰어나며 인재나 자금력도 풍부하다. 또한 시스템 개발도 해왔기 때문에 시스템 통합으로서의 모습도 함께 갖고 있다.

후지츠나 NEC는 ISP(Internet Service Provider) 사업자를 계열사로 갖고 있기 때문에 ASP 서비스를 원 스톱으로 제공할 수 있는 가능성을 가지고 있는 기업이다. 또한 컴팩이나 휴렛팩

커드의 경우, 현 시점에서는 사업을 직접 경영하는 것이 아니라 ASP 사업자형 시스템 구축을 지원하는 입장을 취하고 있다.

사용자 기업의 시스템 이용 형태로서 ASP가 일반화 되면, 하드웨어 벤더의 주요 고객이 사용자 기업에서 ASP 사업자로 변할 가능성이 있으므로, 각 벤더도 모두 종량제 등의 새로운 요금 체계의 모델을 모색하고 있다.

히타치제작소(www.hitachi.co.jp)

SAP재팬의 ERP 패키지 'R/3'를 이용한 ASP 서비스와 일본 오라클의 ERP 패키지 'Oracle Application'을 이용한 ASP 서비스를 제공하고 있다.

'오라클 애플리케이션'에서의 ASP 서비스는, 동시에 E커머스형 서비스(고객 관리·수주 매출 관리·조달 구매 관리)도 제공하고 있으며, E커머스 서비스와 ERP를 연계시켜 사용할 수 있다. E커머스와 기간 업무 애플리케이션을 연결시킨 이 서비스 형태는 앞으로 널리 보급될 것으로 예상된다.

컴팩(www.compaq.com)

ASP 시장으로의 참여 지원을 목적으로 데모 사이트를 파트너 기업으로 개설하고 있다. 이 사이트를 통해 네트워크 경유로의 애플리케이션 성능을 체험시킨다는 영업 전략이다.

이미 다수 기업의 데모용 애플리케이션이 도입되고 있으며, ASP 사업을 계획하고 있는 기업에 대해 컴팩이 제공하는 서버와 ASP 시스템 구축력을 어필하고 있다.

휴렛팩커드(www.hp.com)

ASP나 ISP 사업자형에게 네트워크 관리 제품을 제공한다. ASP 등의 서비스를 안정적으로 가동시키기 위해 대규모 네트워크 관리 도구나 관리 리포트를 패키지화하여, 사업자가 서비스를 개시할 때까지의 시간을 단축시킨다. 그 외 E커머스 사이트 구축 키트(kit) 등과 함께 인터넷을 인프라로 하는 비즈니스를 지원하는 체제가 정비되어 있다.

2. 소프트웨어 벤더

일본의 대기업을 다수 사용자로 갖고 있는 ERP 소프트웨어 'R3' 벤더인 SAP저팬은 얼마 전 라이선스 체계를 개선했다. R/3을 이용해 ASP 서비스를 제공하는 ASP 사업주로부터 라이선스 요금을 두 종류로 한 것이다.

이에 따라 비용 때문에 R/3을 도입할 수 없었던 중소기업 사용자가 ASP 서비스를 이용함으로써 초기 비용을 줄여 R/3를 사용하는 것이 가능하게 되었다.

SAP저팬사의 예에서 보여지 듯 소프트웨어 벤더는 대기업의 수요가 한계점에 도달해, 이제는 중소기업으로 비즈니스를 확대하는 것이 필요하다.

ASP는 이 문제를 해결하기 위한 하나의 방책으로 생각되어지며, 소프트웨어 벤더는 ASP 사업 및 사업자로의 대응에 적극적이다.

SAP저팬(www.sap.co.jp)

SAP저팬의 소프트웨어 'R/3'는 ERP 시장에서 최고의 점유율을 자랑하고 있으며, 약 2만여 개 회사 사용자 중에는 세계 일류 기업이 포함되어 있다.

사용자 기업의 업무 프로세스를 시스템에 도입함으로써 시스템 버전을 업그레이드 시켜 최적의 '베스트 실행'을 제공할 수 있는 소프트웨어로서 널리 알려져 있다.

또한 인터넷 시대를 대비해 'mySAP.com'(웹 사이트)를 만들어 마케팅 플레이스와 커뮤니티, 애플리케이션 호스팅 등의 기능을 제공하고 있다.

'소프트웨어 벤더'라는 틀을 넘어 닷컴 회사와 같은 속도로 새로운 솔루션을 계속 제공하고 있다. ASP 사업으로서는 히타치 그룹이나 NTT커뮤니케이션스와 파트너십을 맺고 있다.

일본오라클(www.oracle.co.jp)

SAP저팬과는 아직 많은 격차가 있지만 일본의 ERP 시장 점유율 면에서는 2위를 차지하고 있다.

일본오라클의 ERP 소프트웨어인 'Oracle Application'은, 업무 프로세스를 시스템에 맞추는 것이 아니라 사용자 기업의 업무 프로세스에 시스템을 맞추는 경우에 아주 적합하다고 말할 수 있다.

중소기업을 주요 대상으로 한 ASP로의 전환을 빨리해, 파트너 기업 21개 회사와 공동으로 'Oracle Application'을 무기로 점유율 확대를 꾀하고 있다.

반저팬(www.baan.co.jp)

코마츠소프트와 공동으로 ASP 사업에 뛰어들었다. 코마츠소프트의 대주주가 도요정보시스템(TIS)이란 사실로 보아, 이제까지 해온 ERP 도입의 노하우가 활용될 것으로 예상된다. 본래 로직스틱스 업계에서 개발된 ERP 소프트웨어만으로 중소 제조기업을 대상으로 얼마만큼 시장을 확대할 수 있을까가 승부의 갈림길일 것이다.

JD에드워드(www.jdedwards.com)

미국에서는 JD에드워드가 대기업을 대상으로 직접 호스팅 서비스를 전개하고, 중소기업형은 파트너 기업과 공동으로 ASP 서비스를 전개하고 있다.

Manugistics Japan(manugistic.com/japan)

SCP(Supply Chain Planning) 패키지 소프트웨어 벤더이다. 자사의 'Manugistics 6'을 파트너 기업을 통해 ASP 서비스를 제공하고 있다. SCP 소프트웨어 벤더로서는 일본 최초의 ASP 사업 참여이다.

4 통신 사업자 기업의 동향

NTT 그룹, DDI 그룹 등을 비롯한 통신 사업자는, '트랜스포트 & 액세스'와 '네트워크 오퍼레이션'의 두 가지 기능에 강점을 갖고 있는 기업이다.

통신업계에서는 매년 치열해지는 가격 경쟁 때문에 통신 요금 인하를 반복하고 있으며, 이제는 통신 서비스만으로는 이익을 내기가 어렵다는 위기 의식을 갖고 있다.

때문에 차츰 통신 설비 및 서비스 제공의 인프라 업종에서, 보다 상류의 애플리케이션에 가까운 영역으로 사업을 전개하려는 움직임이 활발해지고 있다.

NTT커뮤니케이션스는 수년간 ERP 등의 토털 시스템 구축을 해오고 있으며, 앞으로는 ERP 등의 패키지 시스템을 기반으로 ASP 서비스를 시작하려고 준비하고 있다.

또한 엑소더스(미국)는 도쿄에 대규모의 인터넷 데이터 센터
를 설립한다. 이 데이터 센터를 이용한 아웃소싱 사업으로, 노
무라종합연구소와 업무 제휴를 발표했다. 노무라종합연구소의
시스템 도입 실적과 컨설팅 능력을 얻기 위해서다.

앞으로는 '자사에 부족한 기능'을 보완하기 위해 이와 같은
업무 제휴가 활발해질 것이다.

NTT커뮤니케이션스(www.ntt.com)

E커머스 서비스를 비롯해 ERP·SCM·CRM, 종래의 하우
징·호스팅 서비스를 포함한 아웃소싱 서비스 'NAS(Network

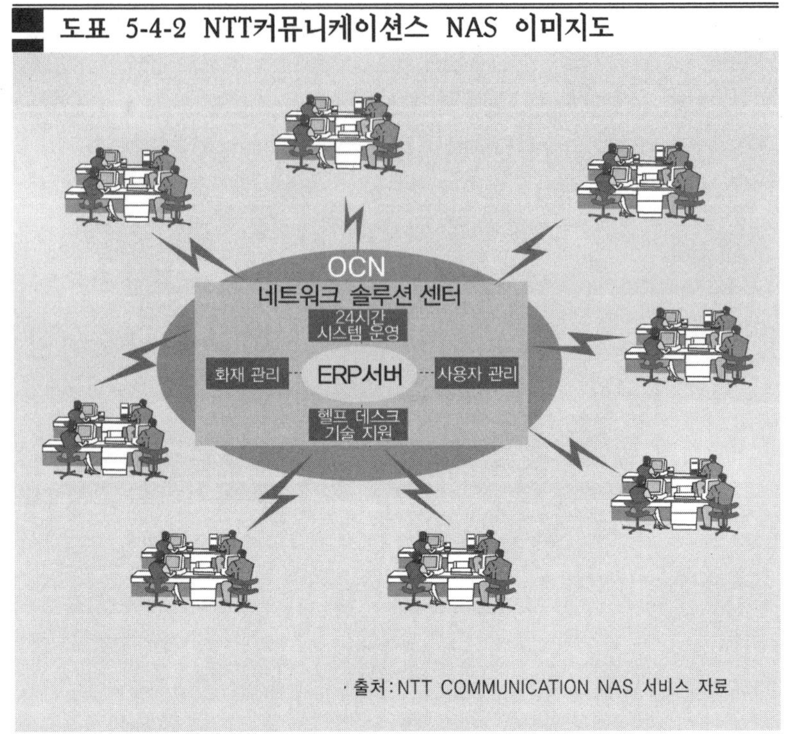

Application Service)'를 개시했다.

통신 사업자의 장점을 살려 통신비를 포함한 요금 설정도 가능하기 때문에, 통신 품질과 고객 대응을 위해 만전의 준비를 갖추고 서비스를 확대한다는 전략을 갖고 있다.

통신 비용과 고객 대응에 불안을 느끼고 있는 사용자가 많은 만큼, 이러한 서비스 사업자의 출현은 시장 활성화에 크게 공헌할 것으로 보인다.

기타 통신 사업자

아직까지는 주목할만한 통신 사업자의 활발한 움직임은 없지만, 데이터 센터 사업에는 상당히 적극적으로 움직이고 있는 것으로 보인다. 그리고 결국엔 상류 ASP 사업에도 제휴를 통해 진출할 가능성이 높다고 예상된다.

5 미디어·기타 기업의 동향

　미디어 기업의 활발한 움직임은 아직 보이지 않는다. 그렇지만 이 단원에서는 e비즈니스의 주요 기업으로서 인터넷 재벌을 목표로 하고 있는 소프트뱅크, 사용자 기업에서 ASP 서비스 제공업체로 움직이기 시작한 미스미, 투자 기업으로서 자프코의 동향 및 지역 활성화를 목표로 하는 지방 공공단체의 동향으로서 콜 센터 유치로 유명한 오키나와현에 대해 살펴보겠다.

1. e비즈니스 주요 기업의 동향

소프트뱅크(www.softbank.co.jp)

　인터넷 재벌을 목표로 하는 소프트뱅크도 ASP 사업에 진출을 준비하고 있다. 소프트뱅크 E커머스와 사무용품의 인터넷 판매를 해온 아스쿨이 중소기업 지원 회사를 세우고, ASP 서비스와 컨설팅 서비스를 제공할 것으로 보인다. E커머스를 조기에 서비스하기 위해서 거기에 연동하는 비즈니스 애플리케이션을 ASP로 함께 제공할 것이라는 생각이 중요하다.

ASP의 장점은 인터넷을 인프라로 한 비즈니스 애플리케이션을 낮은 비용으로 사용한다는 점에 있다. 여기서 E커머스가 직접 연결한 ASP라면, 중소기업의 입장에서는 그 서비스를 이용할 가능성이 높아진다. 이러한 장점이 소프트뱅크와 아스쿨이 가장 기대하고 있는 서비스 형태일 것이다.

2. ASP 사업을 목표로 하는 사용자 기업의 동향

미스미(www.misumi.co.jp)

파블리스(fabrication+less) 기업으로서 뛰어난 비즈니스 모델을 구축해온 미스미는, 지금까지의 고객 기업과의 거래 형태를 모두 웹상에서 이루어질 수 있도록 하는 소프트웨어 사용을 검토하고 있다. 이를 위해서 대규모 ISP 사업자와 계약해 자사 고객에게 정액 요금으로 인터넷에 접속할 수 있는 환경을 제공하는 것이다. 또한 자사가 개발한 수·발주 관리 애플리케이션을 고객 기업에게 배부하고, 수·발주 데이터를 웹을 통해 주고받는다는 구상이다.

지금까지의 E커머스업계 사이트보다도 업종이나 업무에 대해 수직적(Vertical)인 서비스를 제공하는 네트워크상의 포털이라는 의미로, '보털(VOTAL)'이라고 불리는 마켓 플레이스를 생각하고 있다. 또한 매일 3만 건의 트랜스잭션을 처리하는 미스미의 로지스틱스 시스템 사용을 희망하는 기업도 있다고 한다.

가까운 시일에 자사의 기간 시스템을 외부에 개방하여 ASP 사업자로 성공할지도 모르겠다.

3. 투자 기업의 동향

자프코(www.jafco.co.jp)

코리오와 같은 ASP 신흥 기업으로의 투자 환경은 어떻게 되어 있는 걸까? 딜로이트 컨설팅은 일본 우정성의 주도로 설립된 '텔레콤저팬 투자사업조합'의 업무 집행 조합원인 자프코의 IT 투자 그룹의 야마다 씨와 와카마츠 씨에게, 이들 기업에 대한 투자 상황과 ASP 사업에 대한 견해와 향후 투자 자세를 인터뷰했다. 다음은 그것을 요약한 내용이다.

투자 상황

자프코는 텔레콤저팬 투자사업조합으로서 2개 사에만 지원을 하고 있다. 통신 방송 기구로부터 지원을 받고 있기 때문에 대상은 제한되어 있다. 따라서 정부의 인정을 받은 통신 방송 신규 사업자로 설립 후 5년 이내, 자본금 규모가 10억 엔 이하(제1종 전기 통신 사업의 허가를 받는 사업자는 15억 엔 이하)의 기업만이 혜택을 누릴 수 있다.

현 시점에서 자프코 단독으로 투자한 ASP 사업자는 없다. 개인이나 기업이 ASP라는 단어를 사용한 사업 계획서를 갖고 오는 경우가 많아졌지만, ISP 사업이나 종래의 하우징·호스팅 등의 아웃소싱 서비스와 다른 점이 없는 상태이다.

투자하는 측에서 볼 때 ASP는 웹 솔루션으로서의 큰 흐름이라는 것을 인식하고는 있지만, 아직까지 매력적인 상품이 나타나고 있지 않는 현실이다.

ASP 사업에 대한 견해 – 향후의 투자 자세

일본에서 ASP 서비스를 제공하는 기업을 살펴보면, 하우징 서비스임에도 'ASP' 서비스라고 부르는 곳도 있다.

일본 시장 전체에 아직 'ASP'라는 단어의 정의가 확실하게 정립되어 있지 않고, 'ASP'를 카테고리화 하는 것 자체에 의문이 있기 때문이다.

ASP 서비스는 중소기업에도 수요가 있겠지만, 우선은 대기업에서 먼저 시작하여 관련 중소기업이 참여해 가는 형태라고 생각한다. 그러나 대기업 주도에서 시작하는 ASP 서비스를 중소기업이 이용하려고 해도 인프라 격차(대기업은 전용선을 갖고 있지만 중소기업은 모뎀으로 다이얼업 접속을 하는 상황)가 있고, 중소기업에는 애플리케이션을 조작할 수 있는 인재가 적다고 하는 갭(gap)이 생겨나 ASP 서비스의 확대가 어렵다.

상품(애플리케이션) 선정할 때에는 ASP 사업자 측에 있어서도 안심이 되며, 사용자 기업에 대한 접근이 쉬운 이유 때문에 '애플리케이션 지명도'를 중요시하는 경향이 보여진다.

그러나 라이선스 요금이 높은 패키지를 사용하면 사용자 기업의 부담이 높아져 보급이 어렵다. 인지도가 약한 시스템 회사가 개발한 애플리케이션이라도 훌륭한 상품이라고 판단되면 투자 대상이 될 수 있지만, ASP 사업은 막대한 초기 투자 비용이 필요하기 때문에 자금력이 풍부한 대기업과 협력하지 않으면 성공하기 어렵다.

또한 현재 서비스를 제공하는 몇 개의 ASP 사업자도 자금 회수가 불가능하게 되어 타 기업에 통합되거나 데이터 저장 전문업자가 되는 등 업종 변경이 불가피하여, ASP 시장에서 성공을 거두는 기업은 한정될 것으로 보인다.

투자 기업으로 ASP를 소개하는 것은 있겠지만, 데이터 센터 전부를 타사에 맡기게 되면 저항이 따를 것이다. 보관 의무가 있는 법정 장부를 필요시에 금방 볼 수 있는가, 데이터의 백업은 확실히 이루어지고 있는가 등의 신뢰성이 중요하다. 또한 그들이 ASP 서비스를 희망한다고 해서 자프코가 ASP 사업자를 발굴해 육성한다는 등의 예정은 없다.

그러나 ASP 사업자에 대한 투자 의욕이 전혀 없는 것도 아니며, 만약 매력적인 상품을 지닌 ASP 사업이 있다면 타 기업과 제휴를 맺어 진행하고 싶다.

MBO(Management Buying Out)로 ASP 사업자에 출자하는 경우에도, 자프코의 출자 비율은 특별히 정해져 있지 않다. '조기에 상장시켜 바로 회수한다'는 단기적인 투자가 아닌 장기간에 걸쳐 투자 비용을 회수할 예정이다.

이상의 인터뷰에서 알 수 있듯, 현재 일본의 ASP 시장에서는 벤처 캐피탈에 대한 투자에는 신중한 자세를 취하고 있다.

확실히 'ASP'라는 단어는 종래의 '하우징', '호스팅' 등의 아웃 소싱 서비스보다도 후발 주자이기 때문에, '어디부터 어디까지가 ASP인가', '지금까지와 무엇이 다른가'라는 판단에 고심하는 단계인 듯하다.

그러나 시대의 흐름으로서 'ASP'는 이해하고 있어, 그들을 매료시킬 수 있는 상품을 개발하는 기업가가 나타나고, ASP에 대한 노하우를 가진 파트너 기업이 늘어난다면 투자자들도 적극적으로 투자에 나설 것이다.

4. 지방 공공단체의 동향

오키나와현(www.pref.okinawa.jp)

현재 일본에서 ASP 서비스를 제공하고 있는 기업의 서버는 도쿄를 비롯해 수도권에 집중되어 있다. 이처럼 콜 센터를 토지나 인건비가 비싼 수도권에 둠으로써 사용자 기업의 사용 요금이 높아지게 된다면 ASP의 보급은 어려워진다.

그러나 최근에는 수도권과 비교하면 토지나 인건비가 싼 지방으로의 콜 센터 이전이 빠르게 진행되고 있다. ASP 사업자도 콜 센터를 본받아 데이터 센터나 헬프데스크 등은 지방에 설치하는 방향으로 진행되어야 한다.

각 기업의 콜 센터 이전 지역으로 가장 주목을 받고 있는 오키나와현에는 직장을 구하는 젊은층이 늘고 있다. 콜 센터 진출의 영향으로 고용이 창출된 구체적인 예이다. 현지에서 종업원을 고용한 경우는 정부에서 지원금이 지원되고, 통신비는 현에서 보조금이 나오는 등 사업주 측의 장점도 있다.

오키나와청 멀티미디어 추진실 다마구스쿠(玉城) 씨는, "콜 센터에 이어 ASP의 데이터 센터나 서버 업체 등을 적극적으로 유치하고 싶다"고 했으며, 오키나와현도 새로운 고용을 창출하고 지역 경제 활성화를 위해 최선을 다하고 있다.

이처럼 지방 도시에서의 젊은층의 고용 창출이나 경제 활성화도 ASP가 일본 경제에 미치는 영향 중 하나이다.

ASP가 기업 조직 스킬믹스를 바꾼다

그럼 지금까지 얘기한 ASP 핵심을 되짚어보자. 주요 핵심은 다음의 여섯 가지이다.

- 시대의 흐름으로서 애플리케이션은 수요에서 렌털로 변화한다.
- ASP의 본질은 노하우가 결집한 애플리케이션을 폭넓게 공유하여, 다양한 과제를 해결하는 수단을 제공하는 것에 있다.
- ASP 시대에서는 종래의 비핵심 업무였던 것이 수익 대상으로 변화한다.
- 기업에 있어서 ASP는 '사업으로서 착수하는 것', '업무 혁신의 도구로서 활용하는 것'이라는 2개의 성격을 지닌다.
- 종래 IT 사용자였던 기업도 제공자로 변화해간다.
- ASP를 활용함에 따라 신속한 비즈니스 모델 변혁이 가능하게 된다.

기업은 '사업으로서' 또는 '업무 변혁의 도구로서', 적어도 어느 하나의 형태로 ASP에 착수하게 된다.

이를 위해서는 핵심 업무로의 집중, 비핵심 업무의 ASP 사업화, IT 사용자에서 제공자로의 변화 등 업무 혁신을 위한 ASP 활용을 실행할 수 있는 조직으로 바꿀 필요가 있다. 때문에 기업의 조직 스킬믹스에도 개선이 필요하게 된다.

이 장에서는 향후 기업이 어떠한 조직 스킬믹스로 변해갈 필요가 있는가에 대해 살펴본다.

1 유동화하는 노동 시장

조직 스킬믹스를 검토할 때 우선 외부 환경인 노동 시장이 어떻게 변화하고 있는가를 e비즈니스의 예에서 살펴보자.

ASP는 제2장에서 언급했듯이, e비즈니스와 밀접하게 관련된 분야인 만큼 e비즈니스의 노동 시장 변화의 내용이 ASP 분야의 시장에도 적용된다.

미국에서는 창업 때부터 e비즈니스 관련 벤처 기업에 종사하는 사람의 평균적 캐피탈 게인은 7억 엔 정도로 알려져 있다.

최근에는 e비즈니스 관련 주가가 하락 경향에 있다고는 하지만, 캐피탈 게인을 포함해 높은 보수는 많은 사람들에게 여전히 큰 매력으로 남아 있다.

얼마 전까지 미국에서는 우수한 인재는 대기업과 컨설팅회사에서 경력을 쌓은 뒤, 결국 대기업의 CEO(최고경영자) 자리에

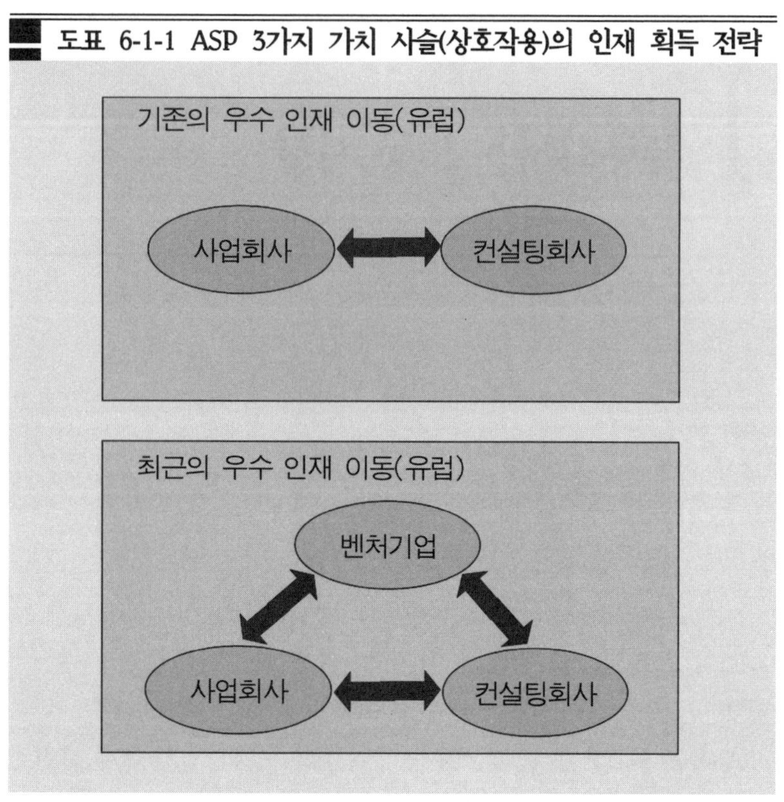

앉는 것이 하나의 성공 모델로 되어 있었다. 즉 컨설팅 회사 입장에서 본다면 인재 빼오기 전쟁이 대기업과의 사이에서 이루어지고 있었던 것이다.

그러나 e비즈니스업계에서 보수가 큰 매력이 된 지금, 컨설팅 회사에게 가장 큰 위협은 우수한 인재를 벤처 기업에게 빼앗기는 것이다. 대기업, 컨설팅 회사, 벤처 기업 사이에 인재 스카우트 경쟁이라는 새로운 구도가 나타난 것이다.

인재 스카우트를 위한 경쟁이 계속되고 있는 배경으로는, e 비즈니스에 필요한 기술과 노하우를 가진 인재의 수급 차이가 크다는 것을 들 수 있다. 예를 들면 실리콘 밸리에는 세계적으로 우수한 인재가 모여들지만 창업자의 수는 절대적으로 부족하다.

창업자뿐만이 아니라 'e비즈니스로 돈을 버는' 아이디어와 노하우, 경험을 지닌 인재도 역시 부족하다. 지금 미국에서는 '인재 관리'가 하나의 유행어가 되고 있으며, 최근 유럽 기업은 유능한 사원을 끌어안기 위한 방편 중의 하나로 높은 보수 전략을 가장 중요한 과제로서 책정하고 있다.

또한 개인의 취업에 대한 의식도 달라지고 있다. 예를 들면 학생들에게 취직 인기 업종은 메이커·금융·상사 등 일본을 대표하는 대기업을 포함한 업종에서 '외국 투자회사', '컨설팅 회사', '정보 통신'으로 바뀌어가고 있다. '외국 투자회사가 업종인가?'라는 의문은 있지만, 지금 젊은 사람들의 직업에 대한 선호도 의식이 확실하게 변해가고 있다는 것을 실감한다.

10년 전쯤 취업 활동을 한 필자의 세대와 비교해보면, '전문가의 힘을 갖추는 것', '자신의 시장 가치를 높이는 것', '능력에 상응한 보수를 획득하는 것' 등의 의식이 강한 젊은이가 많은 것에 놀라고 있다. 때문에 그들은 회사에 대한 애정과 소속 의식 등이 거의 없다. 회사와 자신이 기대하는 것이 맞지 않으면 언제든지 전직해버린다.

본래 프로 의식이 강한 사람이 많이 모인다는 컨설팅 회사라고는 하지만, 의식의 변화가 극심한 젊은이의 비율은 과거의 배가 되어가고 있는 듯하다.

2 ASP 시대의 기업 조직 스킬믹스

1. 기존의 스킬믹스

여기서는 기업에게 요구되어지는 새로운 조직 스킬믹스란 무엇인가를 고찰해보도록 한다. 우선, 기존의 조직 스킬믹스가 어떠한 구조로 되어 있는가에 대해 알아보자.

다소 포괄적이긴 구분이긴 하지만 기존의 조직에서 요구되어지는 기술을 간단하게 구조화하면 <도표 6-2-1>에서 보여지듯, 업무의 핵심—비핵심이라는 축과 관리—업무라는 2개의 축으로 나타낼 수 있다.

도표 중앙에 있는 삼각형이 나타내듯이 기존 조직의 경우에는 실무자층 위로 중간관리자층, 그 위에는 경영자층이 있는 3단계 층이 핵심·비핵심 업무에 걸쳐 분포하는 조직 스킬믹스

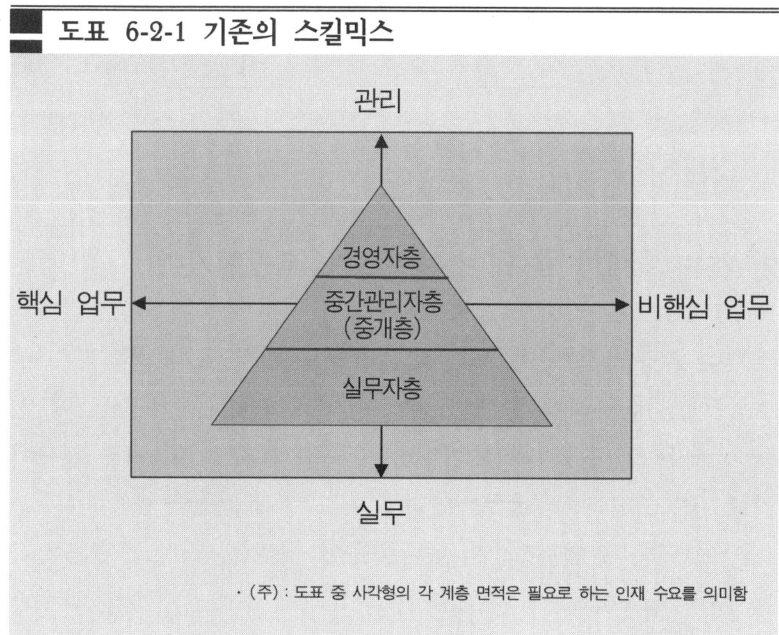

· (주) : 도표 중 사각형의 각 계층 면적은 필요로 하는 인재 수요를 의미함

구조로 되어 있다.

이 구조가 효과적이었던 것은 경쟁 환경의 변화가 비교적 완만한 추이였기 때문에, 업무 기능별로 구분한 조직을 비교적 일정한 방법으로 관리하는 방법이 효과적이었기 때문이다. 이것은 품질 중시의 대량 생산형에 맞는 조직 구조라고 할 수 있다.

이 조직에서의 관리 주안점은 조정에 두어진다. 즉 기능별 조직 사이의 조정, 경영자층과 실무자층 사이의 조정이다. 특히 많은 업무 기능에 능통한 보통의 인간이 중간관리자로서 중요한 역할을 담당하고 있었다고 할 수 있다.

그러나 ASP가 경영에 영향을 미치는 네트워크 시대에 요구되어지는 조직 스킬믹스의 관리 핵심도 달라진다. 신속함과 핵심 업무로의 집중이 중요한 요소가 되며, 이 두 가지에 대응할 수 있는 새로운 스킬믹스 구조가 필요하게 되기 때문이다.

2. ASP 시대의 조직 스킬믹스란 무엇인가?

그럼 ASP가 일반화 되는 네트워크 시대의 조직 스킬믹스 구조는 어떻게 나타낼 수 있을까? 이 구조는 <도표 6-2-2>에 있듯이 핵심 업무—비핵심 업무라는 횡축과 IT 기획—IT 활용이라는 종축으로 나타낼 수 있다.

이 그림의 원의 크기가 보여주듯이 새로운 조직 스킬믹스로는 핵심 업무로의 자원 집중이 필요하게 되므로, 핵심 업무의 IT 활용자와 IT 기획자가 차지하는 할당이 상당히 높아지는 경향이 있다. 여기서 말하는 IT 기획자에는 ASP 활용의 검토나 e 비즈니스 모델 검토를 위해 필요한 IT 기술을 지닌 경영 기획자 인재도 포함된다.

바꿔 말하면, 기존에는 정보 시스템 부원이 IT 노하우를 갖고 있는 것으로 충분했지만, 그 외의 부문에서도 IT 기술을 지닌 인재가 다수 분포하는 것이 필요하게 된다는 것이다.

또한 비핵심 업무에 대해서는 자사 내에서 갖는다라는 선택도 있지만, 오히려 해당 기술을 지닌 인재는 유동화시켜야 한다는 쪽으로 흘러갈 것이다.

앞에서 말했듯이 개인이 핵심 업무에 특화하는 것을 목표로 하는 세계에서는, 해당 업무나 IT를 핵심 서비스로서 제공하는

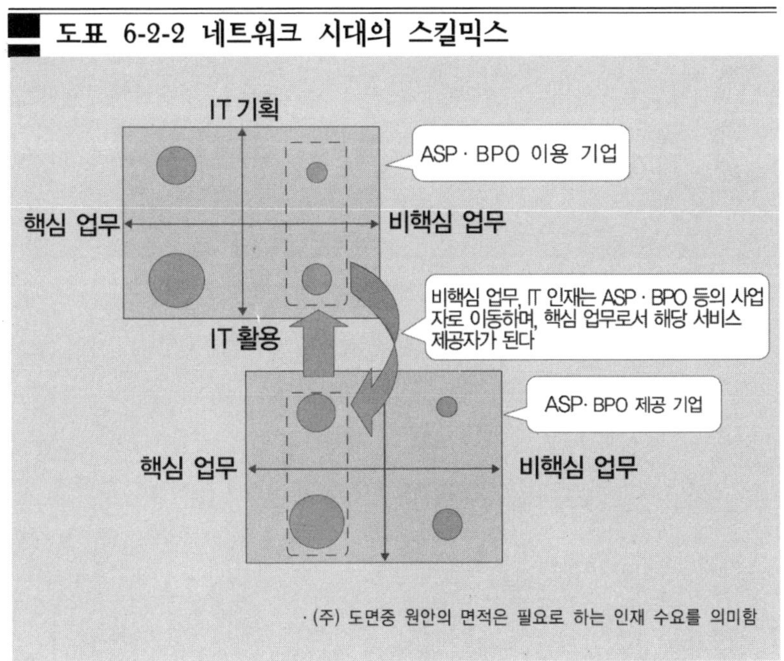

사업자에게 인재는 이동하는 것이다.

또한 개인이 전문화함으로써 각 서비스 수준도 향상하고, 결과적으로는 비핵심 업무나 IT의 아웃소싱 활용을 선택하는 기업이야말로 간접 업무의 품질과 효율 향상의 혜택을 받게 된다.

이 그림에서는 경영자 계층을 포함시켜야하나 그것을 넣으면 3차원이 되기 때문에 생략하고 있다. 경영자 계층에 대해서는 스피드 경영에 대응하기 위해 경영자층과 실무자층의 2계층에 가까운 평평한 구조를 향해 갈 것으로 예상된다.

그럼 기존의 조직 구조 중간에 위치했던 중간관리자는 불필요하게 된 것일까? 그 대답의 반은 예, 반은 아니오이다.

중간관리자의 역할도 변화한다

앞에서 언급했듯이 기존 조직에서의 중간관리자층의 주요한 역할은 기능별 조직 사이의 조정, 경영자층과 실무자층 사이의 조정과 다리 역할이었다.

그러나 ASP 시대의 새로운 조직 스킬믹스 구조에서는, 이 역할을 담당하는 사람의 필요한 수는 감소하고 다른 새로운 역할이 중요성을 더해가고 있는 것이다.

그 역할은 <도표 6-3-1>에서 표시한 영역, 즉 핵심 업무—비핵심 업무 사이의 중개, IT 기획—IT 활용 사이의 중개라는 업무이다.

우선 핵심 업무— 핵심 업무 사이의 중개라는 역할에 대해 생각해보자.

선택과 집중의 시대에서는 개인 수준에서도 전문 영역의 프

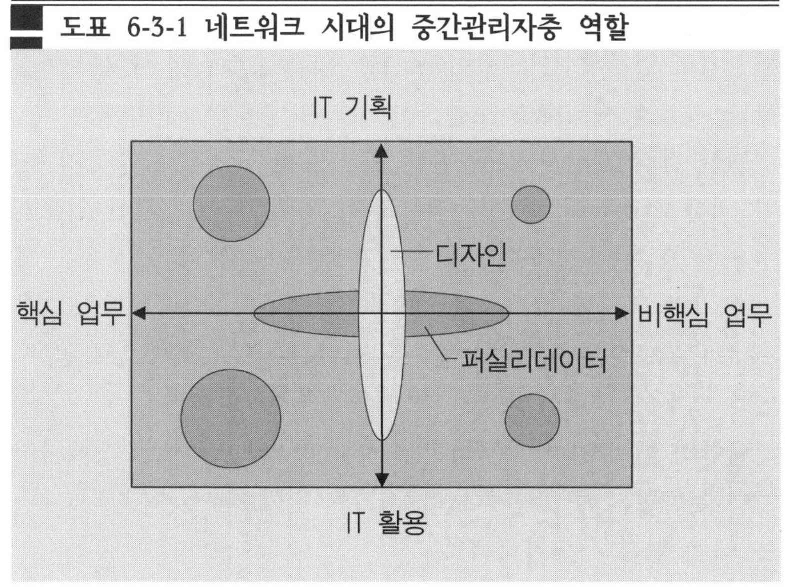

로가 되는 것이 일반화되어 간다. 그러나 비즈니스 모델을 고안
하고 구축하기 위해서나 또한 그것을 효과적으로 기능할 수 있
도록 정착시키기 위해서도 핵심 업무와 비핵심 업무 양쪽 모두
에 관해 폭넓게 아는 사람이 있어야 한다.

이 역할을 맡는 사람이 자사 내에 없다면 업무를 혁신시키는
속도에도 막대한 지장을 초래한다.

최근 컨설팅 업무를 하면서 이러한 것들을 통감할 때가 아주
많다. 예를 들면 대기업의 제조 기업 생산 관리 업무의 BPR 및
IT 시스템 도입 프로젝트를 생각해보자.

당연히 우리들은 컨설팅으로서 업무나 IT의 전문성을 제공하
게 된다. 그러나 최근 고객들로부터 중요하게 요구되어지는 가

치로, 다수의 영역을 횡단적으로 파악하여 기업 전체를 거시적 입장에서 업무와 업무 사이의 기능과 조직과 조직 사이를 조정하는 시점을 제공하는 것을 들 수 있다.

생산 관리 개선의 경우 원가 계산이 받는 영향은 없는가, 원가 계산 시스템의 변경은 필요하지 않은가. 또한 결산 업무의 경우 결산 처리 스케줄의 개선은 필요한가. 인사의 경우에는 새로운 생산 공정에 맞춘 인원 배치 전환이나 시스템 설정 변경은 어디까지 영향을 미칠 것인가 등 일반적으로 비핵심으로 볼 수 있는 업무와의 관련 없이는 검토를 진행할 수 없다.

당연히 이해 관계 부문과의 조정도 많이 발생하고, 그 때마다 경영 전략상의 중요성이나 최적의 전사적이라는 관점에서 제언을 해줄 필요가 생기게 된다.

외국 투자회자 기업에서는 이러한 기능의 횡단적인 검토나 건설적인 제언을 듣기 위해 컨설턴트를 활용하는 것은 이전부터 자주 있었다.

필자가 담당했던 외국 투자회사인 증권사의 경우 자신이 처리한 문서를 어느 부서로 넘길 것인가 하는 것까지만 파악하고, 하나의 거래에 관련된 모든 업무를 파악하기 위해서는 몇 명의 사람과 인터뷰 할 필요가 있었다. 그렇기 때문에 외국 투자회사 기업에서는 컨설팅 수요가 높았다고 말할 수 있다.

하지만 일본 기업에서는 이 역할은 중간관리자층이 담당하고 있었다. 그러나 핵심 업무로의 집중화에 따라 중간관리자의 감소와 기존 기능별 조직의 경직화 때문인지는 몰라도 중간관리자는 소속 부문의 이익 대변자로 되어 가는 경우가 많다.

앞으로는 비즈니스 모델이 지금까지와는 비교도 안 될 속도로 변화를 계속해 나갈 것이다. 이 변화를 실현하는 인재가 핵심 업무—비핵심 업무 간의 폭넓은 지식과 경영적 마인드를 가진 중개자이므로, 그들은 비즈니스 모델을 설계하는 디자이너의 역할을 담당하게 된다.

또한 스피드 경영을 실현하기 위해서는 이 중간관리자에게 상당한 권한을 위임할 필요가 있다. 그것이 또한 중간관리자층과는 다른 점이 된다.

다음으로 IT 기획—IT 활용간 중개라는 역할에 대해 생각해 보자.

최종 사용자 컴퓨팅과 인터넷이 보급됨에 따라 누구라도 IT를 활용해 다양한 정보를 검색할 수 있는 환경이 갖춰졌다.

그러나 접속 가능한 정보량, 이용 가능한 애플리케이션이 방대하게 된 연유로, 일반 사용자의 입장에서 본다면 어찌할 도리가 없는 상태로 되어 가고 있는 것도 사실이다.

예를 들면 알고 싶은 정보를 인터넷에서 검색한 경우, 결과로서 나온 정보의 양이 너무나도 방대해 놀랄 때가 많다. 그 사이트들을 하나하나 열어보는 일이 오히려 비효율적이란 상황이 되어버린 것이다.

그래서 미국에서는 '가이드(Guide)'라고 불리는 홈페이지 각 저널의 전문가가 방대한 정보 속에서 의뢰자가 찾고자 하는 정보를 신속하고 정확하게 찾아주는 서비스가 생겨나고 있다. 어바웃닷컴(www.about.com)사 등이 그 일례이다.

이 예에서 볼 수 있듯이 기업에 있어서도 IT 기획자, 즉 제공자와 IT 활용자 사이를 중개하는 역할이 중요하게 될 것으로 예상된다. 중개자는 IT 활용자가 새로운 비즈니스 모델에서 업무를 행하는 것을 지원하고 정착시키기 위한 촉진자 역할을 담당하게 된다.

이렇게 새로운 중간관리자층은 경영자층으로부터 상당한 권한 위임을 받고, 핵심 업무—비핵심 업무 사이의 폭넓은 지식을 필요로 하는 디자이너 기능과 IT 기획자—IT 활용자 사이의 촉진자 기능을 담당하게 된다.

4 인재 프로그램을 갖춰야만 ASP가 완성된다

　지금까지 ASP라는 네트워크를 핵심으로 한 비즈니스 모델이 일으키는 조직 스킬믹스의 변화에 대해 고찰해 보았다.

　기업은 새로운 조직 스킬믹스 구조로 이행하기 위해서, 인재의 재교육이나 고용 정책의 개선 등 많은 과제를 안게 된다. 이 같은 과제의 해결을 위해서 기업은 효과적인 인재 프로그램을 갖춰야 한다.

　ASP이든 e비즈니스이든 그 비즈니스 모델을 만들어내고 실행하는 것은 바로 사람이다. 인재를 조직으로서 어떻게 활용할 것인가가 중요한 핵심인 것이다.

　현재 불황이 계속되고 있는 한국이나 일본에서도 구조 조정이 폭넓게 단행되고, 각 업계에 종사하는 인재들의 사기가 꺾이고 있는 것은 아닐까? 이제는 고용을 중시하는 기본 정책으로 경쟁력이 높은 비즈니스 모델을 구축했듯이, 다시 새로운 비즈니스 모델 구축이 요구되어지고 있다.

네트워크를 핵심으로 한 비즈니스 모델 구축과 그 정착 속도가 승부의 갈림길이 되는 시대에서는 인재가 바로 열쇠가 된다. 따라서 앞으로는 인재를 중시하는 비즈니스 모델만이 계속적인 성장을 할 수 있을 것이다.

즉 새로운 비즈니스 모델이란, 인재 프로그램을 갖춘 네트워크 대응형의 비즈니스 모델이라고 말할 수 있다. ASP 비즈니스 모델은 인재 프로그램을 갖춰야만 비로소 완성되는 것이다.

맺음말

컨설팅 회사는 가까운 미래를 비추는 거울이다.

딜로이트 토마츠 컨설팅은 기업 가치 창조·BPR·ERP·IT·e비즈니스 등 핵심 콘텐츠를 제공하는 '서비스 라인'과 통신·금융·제조 등 업종에 대응한 '산업 라인(Industry Line)'을 축으로 하는 매트릭스 구조이다.

그럼에도 프로젝트 팀은 매트릭스 격자점이라는 비교적 단순한 도식으로 지금까지 대응해왔다.

예를 들면 통신 사업자의 업적 평가 제도 책정 프로젝트에서는 BPR의 컨설턴트와 정보 통신·미디어 사업부의 컨설턴트로 팀을 편성해왔다.

그러나 IT 혁명 속에서 우리들은 지금 포메이션을 바꾸려고 하고 있다. 아니 바꾸지 않으면 안 되는 시대가 되었다. 클라이언트 기업의 수요가, 즉 컨설팅의 테마가 크게 바뀌어가고 있기 때문이다.

예를 들면 편의점이나 백화점 등 다른 업종이 e비즈니스로 참여하는 프로젝트의 포메이션을 생각해보자. '산업 라인'에서는 유통·금융·통신의 각 업계 전문가가, 그리고 '서비스 라인'에서는 e비즈니스·IT·기업 가치 창조·ERP의 전문가가 합세한다. 바로 크로스 인더스트리 멀티 서비스인 것이다.

이러한 업계의 벽이 허물어지고 있는 것을 우리들은 매일 컨설팅 업무를 통해 피부로 느껴왔다. 바로 컨설팅 회사라는 거울에 가까운 미래가 비춰지고 있는 것이다.

그리고 또 하나 거울에 비춰지고 있는 것, 그것이 바로 ASP 이다. 미국의 딜로이트 컨설팅은 이미 몇 년 전부터 ASP 사업자로서 한 걸음 나아갔다. 네트워크를 활용한 IT 서비스의 제공자가 될까 아니면 이용자가 될까 그 선택의 기로에 서서 컨설팅 업체 자신이 제공자가 되는 길을 택했던 것이다.

일본인은 쉽게 뜨거워지고 쉽게 식는 경향이 있다. ASP를 단순한 붐으로 끝내지 말고 일본 경제 회생의 핵심 요소로 하기 위해서도, 이용 기업에서 본 ASP의 가치를 바르게 이해하고 인지도를 향상시킬 필요가 있다. 이 책은 바로 그 역할을 다하도록 기획되었다.

변혁이 극심한 업계에서 완벽을 기하기는 어렵다. 탈고에서 출판이 될 때까지의 사이에 상황이 어떻게 바뀔지도 모른다. 그러나 ASP에 대한 조감도를 보다 빠르게 제공할 수 있었다고 믿는다. 이 책이 ASP를 바르게 이해하고 시장을 발전시키기 위한 일조가 되었으면 하는 바람이다.

이 책의 내용에 대해 독자 여러분의 솔직한 의견을 부디 들려주셨으면 한다. 논의가 필요하다면 가능한 한 시간을 만들고, 또한 독자 여러분이 안고 있는 문제 해결에도 가능한 범위에서 조력하고자 한다.

부족하지만, 이 책을 집필함에 있어 많은 기업의 인터뷰를 통해 유익한 가르침을 받았다. 이 지면을 빌어 깊은 감사의 뜻을

전하고 싶다.

그리고 이 책 내용에 대해 딜로이트 토마츠 컨설팅의 하다야마 나오꼬, 야마다 에리꼬, 하라 마꼬토, 후쿠다 코우이치를 비롯한 많은 동료 분들이 열심히 논의에 참가해 주셨다. 집필 위원을 대신하여 깊은 감사의 말씀을 올린다.

딜로이트 토마츠 컨설팅 정보통신 미디어 사업부

파트너 미야나가 히로시(宮永博史)

Hiroshi.Miyanaga@tad.tohmatsu.co.jp

집필자 소개

• **미네시마 다카시(峰島 孝之)**…제1·2·4·6장 및 편집 담당. 나고야대학 항공공학과 졸업. 대규모 통신사업회사 근무를 거쳐 딜로이트 토마츠 컨설팅에 입사. 주로 통신 사업, 제조업에서 사업 전략 책정 지원, 리엔지니어링, ERP 도입 지원 등에 종사. 특히 최근에는 ASP 사업을 검토하고 있는 기업이 전략 책정 지원을 하고 있다. 매니저.

• **미즈노 사와코(水野 佐和子)**…제3장 담당

오차노미즈여자대학 문교육학부 졸업. 대기업 메이커 근무 중 텍사스공과대학에서 MBA 취득. 딜로이트 토마츠 컨설팅 입사 후 다양한 업계에서 사업 전략 책정, 시장 경합 분석, 마케팅 전략 책정 등에 종사. 매니저.

• **타마요세 카즈노리(玉寄 和紀)**…제5장 담당

오사카가쿠잉대학 상학부경영학과 졸업. 소프트하우스 퇴사 후 프리랜서를 거쳐 딜로이트 토마츠 컨설팅 입사. 제조업·전문 상사 등을 대상으로 다수의 ERP 도입 프로젝트나 공유 서비스 프로젝트에 관여. 그 후 ASP사업전략책정지원 프로젝트를 경험하고, 현재는 당사의 ASP 등 아웃소싱 사업 설립 요원으로서, 서비스 메뉴 책정, 제휴 전략 입안을 담당. 시니어 애널리스트.

• 지은이 — 딜로이트 토마츠 컨설팅

세계 5대 컨설팅사 중 하나로서 기업의 경영 전략, 비즈니스 프로세스, 정보 기술, 조직 및 혁신에 관한 모든 서비스를 제공하는 e비즈니스 컨설팅 회사다. 딜로이트 컨설팅의 e비즈니스 전문가들은 복잡한 디지털 경제 환경의 안내자로서 새롭게 창업하는 기업에서부터 포천지 선정 1000위 그룹에 이르기까지 기업들이 최상의 비즈니스 모델을 창조하고 또한 이를 발전시켜 나갈 수 있도록 서비스를 제공한다.
현재 전 세계 36개국에 32000여 명의 직원을 두고 있는 딜로이트 컨설팅은 포천지 선정 '가장 일하고 싶은 100대 기업' 중 30위 안에 4년 연속 선정된 바 있다. 또 전 직원의 e컨설턴트화 선언과 함께 2000년 가트너 그룹 선정 'e비즈니스 시장 주도 컨설팅업체' 및 'IT 컨설팅업계의 리더'로 선정되는 등 날로 e비즈니스 전문 컨설팅사로의 명성을 높여가고 있다.

• 옮긴이 — 장진영

중앙대학교 전기공학과 졸업.
LG산전연구소 연구기획실 근무, 인터넷컨설팅그룹 일본사업팀장 근무.
현 LG히타치에서 근무하고 있으며 한·일간 솔루션 사업을 하고 있다.
지은 책으로, 『일본 인터넷에 당신이 찾는 비즈니스가 있다』.
『I모드 비즈니스의 모든 것』 등이 있다.

ASP — 네트워크 소싱 시대의 IT 전략

제1판 제1쇄 찍음   2002년 8월 10일
제1판 제1쇄 펴냄   2002년 8월 15일

지은이   딜로이트 토마츠 컨설팅
옮긴이   장진영
펴낸이   이영희
펴낸곳   이미지북

등록번호   제2-2795호(1999. 4. 10)
주   소   서울특별시 강남구 논현동 193-8(우창빌딩 2층)
대표전화   483-7025,   팩시밀리 483-3213
e-mail   ibook99@chol.com / ibook99@korea.com

ISBN 89-89224-05-5   03320

*잘못된 책은 바꿔드립니다. 책값은 뒤표지에 있습니다.

e비즈니스 경영

딜로이트 토마츠 컨설팅
딜로이트 컨설팅 코리아 옮김
● 값 12,000원

딜로이트 컨설팅이 제시하는 e비즈니스 경영 전략의 결정판!

새로운 e비즈니스 모델 창출의 필요성을 느끼는 기업인들에게는'경영 관점에서의 길잡이가, 그리고 e비즈니스에 흥미를 갖고 있는 모든 사람들에게는 e비즈니스 전반에 대한 이해와 동시에 넓은 시각을 제공해준다.

1부에서는 e비즈니스 시장 전략에 관한 핵심 이슈들을 다루고 있다. 정보 통신 혁명과 커머스 언번들링, 이에 따른 검색, 배송, 보증, 금융의 부가가치, CRM과 SCM 전략과 역할, 고객 신뢰의 문제, e비즈니스 금융 및 e비즈니스가 소비재 산업에 미치는 영향을 다루고 있다.

2부에서는 e비즈니스의 경영 기반을 다룬 조직 전략과 리더십, e비즈니스 인사 전략, 평가 시스템 및 급여 제도, 버추얼 HR이라는 새로운 인사 시스템, e비즈니스 기업의 재무 전략, 세무 전략, 정보 시스템 전략과 비즈니스 모델 특허의 중요성과 함께 각국의 특허 제도를 소개한다.

주요내용

제1부 e비즈니스의 시장 전략
    제1장 정보 통신 혁명과 커머스 언번들링
    제2장 '검색'—e비즈니스와 CRM
    제3장 '배송'—e비즈니스와 SCM의 역할
    제4장 '보증'—e비즈니스와 고객의 신뢰
    제5장 '금융'—e비즈니스와 돈
    제6장 e비즈니스가 소비재 산업에 미치는 영향
제2부 e비즈니스 경영 기반
    제7장 조직 전략과 리더십
    제8장 인사 전략
    제9장 HRIS에서 버추얼 HR로
    제10장 재무 전략
    제11장 세무 전략
    제12장 정보 시스템 전략
    제13장 e비즈니스 모델 특허
    e비즈니스 경영 전략 체크 리스트

*e*비즈니스

아더앤더슨/아더앤더슨코리아 옮김

* 값 10,000원

• 제1장에서는 'e비즈니스란 무엇인가'의 정의를 소개한 다음, e비즈니스의 역사와 실태를 정리하고 그 배경이 되는 패러다임의 변화에 대해 설명한다.

• 제2장에서는 'e비즈니스가 기존 비즈니스에 어떤 영향을 미쳤으며, 어떤 비즈니스 모델을 만들어내고 있는지 살펴본다.

• 제3장에서는 e비즈니스의 전략 구축의 실제에 대해 아더앤더슨의 접근 방법과 수단, 전략 구축시 파악해야 될 요점 등을 소개한다.

• 제4장에서는 e비즈니스를 구체적으로 진행시키는 데 유의해야 할 리스크, 특히 정보 시스템 리스크를 중심으로 해설한다.

• 제5장에서는 e비즈니스에서의 세무 · 법무에 관해 고려해야 할 중요 사항과 정비되고 있는 실태를 해설한다.

e비즈니스 전문 컨설팅회사 아더앤더슨이 정의하는—

e비즈니스 전략 · 모델 · 세무 · 법무!

주 요 내 용

제1장 e비즈니스란 무엇인가?

제2장 e비즈니스가 기존 비즈니스에 미치는 영향

제3장 e비즈니스 전략 구축의 실제

제4장 정보 시스템의 리스크 관리

제5장 e비즈니스에 관련된 세무와 법무

이미지북

비즈니스 모델 특허 전략

시바타 히데토시 · 이하라 도모히토/김욱송 옮김
감수 ▶ 신양환 ('정직과 특허' 대표 변리사)
● 값 10,000원

● 제1장 / '비즈니스 모델 특허'의 정의, 비즈니스 모델 특허가 창출해내는 가치 및 가능성 등을 소개한다.
● 제2장 / '지적재산권 제도', 특허의 매력과 위협, 세계 특허 제도의 차이점 등
● 제3장 / '비즈니스 모델 특허의 역사'와 '모델 특허를 둘러싼 보편적 구조 변화 등
● 제4장 / 비즈니스 모델의 시스템화, 특허화, 비즈니스 모델의 경영적 시각과 정보 시스템의 시각 등
● 제5장 / 비즈니스 모델 특허의 구체적 사례, 비즈니스 모델 특허를 둘러싼 분쟁 사례 등
● 제6장 / 비즈니스 모델 성립 요건, 특허 심사, 비즈니스 모델 특허에 대한 전략적 대응 등
● 제7장 / IT 컨설팅과 비즈니스 모델 특허, 지적재산권 관련 비즈니스의 동향, 특허의 자산화 · 증권화 · 설계화, 가치 통합 등

비즈니스 '찬스'가 되고 '위협'이 되기도 하는 BM 특허!

인터넷 광고, 역경매, 원클릭 쇼핑 등… 여러 분야에서 출원되는 비즈니스 모델 특허의 기본 지식부터 특허화 방법, 앞으로의 과제까지 비즈니스를 제패하는 핵심을 해부한다.

주 요 내 용

제1장 비즈니스 모델 특허의 충격

제2장 지적재산권, 그 첫걸음

제3장 비즈니스 모델 특허의 어제와 오늘

제4장 비즈니스 모델 특허의 개발

제5장 비즈니스 모델 특허의 출원 쇄도와 분쟁

제6장 비즈니스 모델 특허의 과제

제7장 비즈니스 모델 특허의 향후 방향